너랑 나랑 한국어 4-B

NOSVOS

너랑 나랑 한국어 4-B

초판 인쇄 2017년 12월 15일
초판 발행 2017년 12월 20일

지 은 이 | 유소영 · 이연주 · 서민정 · 유선주 · 고유리
감 수 | 한정한
펴 낸 이 | 장호성
기 획 | 이재석
제 작 | 정진형
편 집 | 성두현
마 케 팅 | 박보혜
펴 낸 곳 | NOSVOS
삽 화 | 최지우 · 신주영
디 자 인 | 방인구
등 록 | 1968. 2. 27 : No. 제03-00095호
주 소 | 경기도 용인시 수지구 죽전로 152번지
전 화 | 031-8005-2404~5
팩 스 | 031-8021-7154

값 18,000원 (CD포함)

ISBN 978-89-7092-586-8 03710
978-89-7092-514-1 (세 트)

• 'NOSVOS'는 라틴어 'Nos(우리가)'와 'Vos(당신을)'의 합성어로
지혜로운 삶을 지향하는 분들에게 유익한 도서를 펴내겠다는 의지를 담고 있습니다.

저자의 말 *

최근 한국어 교육계에서는 어떻게 하면 교육 현장에서 교사와 학습자에게 모두 도움이 되는 교재를 개발할 수 있을까 하는 문제에 대해 많은 연구를 해 오고 있습니다. 이와 같은 흐름에 발맞추어 단국대학교 국제교육센터에서는 『너랑 나랑 한국어』를 발간하게 되었습니다. 이 책은 한국어 교육 현장의 한국어 교사들과 한국어를 공부하고자 하는 외국인 학습자를 대상으로 한 의사소통 중심 통합 교재입니다.

『너랑 나랑 한국어』는 말하기, 듣기, 읽기, 쓰기의 기능을 한 권에 담은 통합형 교재입니다.

이 책은 한글의 자모 제시 순서를 기존의 교재와 달리 교사가 학습자에게 발음하는 방법을 보여주기 쉬운 순서로 배치하여 제시하였으며, 한국어의 기초적인 어휘와 문법을 익히고 다양한 연습을 통해 자기소개하기, 물건사기 등의 의사소통 과제를 해결하는 능력을 기를 수 있도록 구성하였습니다.

또한, 어휘는 학습자들이 각각의 어휘가 속한 품사와 의미 그룹을 이해할 수 있도록 제시하고, 3권에 이어 추상적인 의미가 많아지므로 어휘의 의미는 영어로 제시하였습니다. 문법은 형태 연습과 회화 연습을 함께 제시하여 한국어의 문법 항목들을 적절히 사용할 수 있도록 충분한 연습과 활용을 제공하였습니다. 또한 의사소통 과제를 해결하는 다양한 말하기, 듣기, 읽기, 쓰기 활동을 제공하여 학습자들이 생생한 한국어로 자신의 생각을 표현할 수 있도록 구성하였습니다.

이 책은 2권, 3권에 이어 STUDY(활용)로 구성되어 있습니다. 각 과는 설명하기, 분석하기, 토론하기, 설득하기 등의 의사소통 과제별로 구성하여 말하기, 듣기, 읽기, 쓰기를 통합적으로 익힐 수 있도록 제시하였습니다.

이 작업은 5명의 필진이 지난 10여 년의 한국어 교육 현장 경험을 바탕으로 학습자가 차근차근 쉽게 이해하고 습득해 갈 수 있는 교재를 만들고자 하는 마음에서 출발하였습니다. 이 책의 편찬 기간은 2012년 5월부터 2017년 11월까지 총 66개월이 소요되었습니다. 집필을 기획하는데 6개월이 걸렸고 교재를 구성하는 틀을 짜는 데에 6개월, 초고 집필에 12개월이 걸렸습니다. 이를 다시 검토하고 수정하는 데에 42개월이 걸렸습니다. 기획과 감수는 국어국문학과의 한정한 교수가 맡아 주셨고, 각 권은 책임 필자를 두어 1권 유소영, 2권 고유리, 3권 유선주, 4권 이연주, 서민정이 책임 집필하였습니다.

끝으로 이 원고가 세상에 빛을 볼 수 있도록 이끌어 주신 단국대학교 장호성 총장님, 김병량 부총장님, 심재우 국제처장님을 비롯한 국제처의 모든 식구들께 감사드립니다. 또한, NOSVOS 편집실 성두현 선생님 등 편집진과 예쁜 삽화를 그려준 최지우, 신주영 그리고 지댄피 디자인팀 여러분께도 감사드립니다. 마지막으로 바쁜 시간을 쪼개어 꼼꼼히 읽어 준 국제교육센터 한국어 선생님들과 긴 시간 기꺼이 아내와 엄마와 딸을 허락해 주신 필진의 가족들 모두 사랑합니다.

2017년 초겨울에

유소영, 이연주, 서민정, 유선주, 고유리

교재 사용법

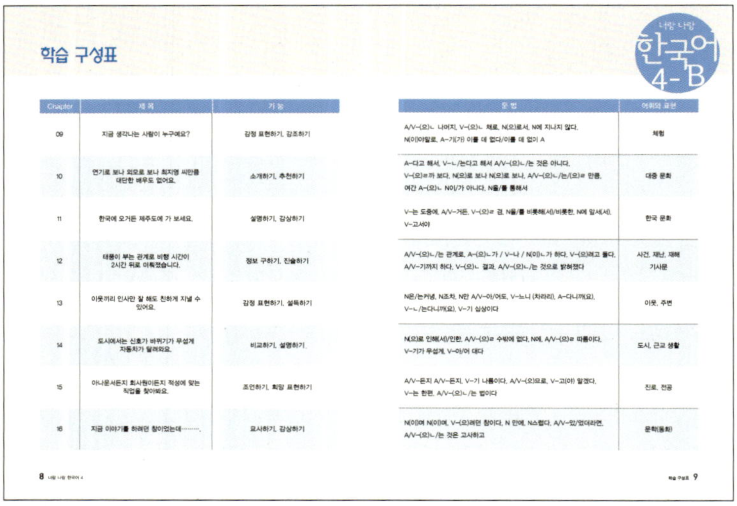

학습 구성표

나랑 나랑 한국어 4-B

Chapter	제 목	기 능	문 법	어휘와 표현
09	지금 생각나는 사람이 누구예요?	감정 표현하기, 강조하기	A/V-(으)ㄴ 나머지, V-(으)ㄴ 채로, N(으)로서, N에 지나지 않다, N(이)야말로, A-기(가) 이를 데 없다/이를 데 없이 A	체험
10	연기로 보나 외모로 보나 최지영 씨만큼 대단한 배우도 없어요.	소개하기, 추천하기	A-다고 해서, V-ㄴ/는다고 해서 A/V-(으)ㄴ/는 것은 아니다, V-(으)ㄹ까 보다, N(으)로 보나 N(으)로 보나, A/V-(으)ㄴ/는/(으)ㄹ 만큼, 여간 A-(으)ㄴ N이/가 아니다, N을/를 통해서	대중 문화
11	한국에 오거든 제주도에 가 보세요.	설명하기, 감상하기	V-는 도중에, A/V-거든, V-(으)ㄹ 겸, N을/를 비롯해(서)/비롯한, N에 앞서(서), V-고서야	한국 문화
12	태풍이 부는 관계로 비행 시간이 2시간 뒤로 미뤄졌습니다.	정보 구하기, 진술하기	A/V-(으)ㄴ/는 관계로, A-(으)ㄴ가 / V-나 / N(이)ㄴ가 하다, V-(으)려고 들다, A/V-기까지 하다, V-(으)ㄴ 결과, A/V-(으)ㄴ/는 것으로 밝혀졌다	사건, 재난, 재해 기사문
13	이웃끼리 인사만 잘 해도 친하게 지낼 수 있어요.	감정 표현하기, 설득하기	N은/는커녕, N조차, N만 A/V-아/어도, V-느니 (차라리), A-다니까(요), V-ㄴ/는다니까(요), V-기 십상이다	이웃, 주변
14	도시에서는 신호가 바뀌기가 무섭게 자동차가 달려와요.	비교하기, 설명하기	N(으)로 인해(서)/인한, A/V-(으)ㄹ 수밖에 없다, N에, A/V-(으)ㄹ 따름이다, V-기가 무섭게, V-아/어 대다	도시, 근교 생활
15	아나운서든지 회사원이든지 적성에 맞는 직업을 찾아봐요.	조언하기, 희망 표현하기	A/V-든지 A/V-든지, V-기 나름이다, A/V-(으)므로, V-고(야) 말겠다, V-는 한편, A/V-(으)ㄴ/는 법이다	진로, 전공
16	지금 이야기를 하려던 참이었는데…….	묘사하기, 감상하기	N(이)며 N(이)며, V-(으)려던 참이다, N 만에, N스럽다, A/V-았/었더라면, A/V-(으)ㄴ/는 것은 고사하고	문학(동화)

8 나랑 나랑 한국어 4 ... 학습 구성표 9

1. 학습 구성표

각 과의 기능과 문법, 어휘와 표현을 하나의 표로 제공하여 학습자들이 이 책에서 배우는 내용을 한 눈에 파악할 수 있도록 배려했습니다.

10

연기로 보나 외모로 보나 최지영 씨만큼 대단한 배우도 없어요.

여러분이 좋아하는 연예인에 대해서 이야기해 보세요.

어떤 연예인을 좋아해요?

요즘 인기 있는 연예인은 누구예요?

연예인은 어떻게 행동해야 한다고 생각해요?

2. 들어가기

각 과의 학습목표와 어휘, 문법 항목들을 제시하였습니다. 그리고 각 과의 도입은 해당 주제와 관련된 질문을 통해 배경지식을 활성화 할 수 있도록 구성하였습니다.

어휘와 표현

명사

교외 생활
근교 suburb
비닐하우스 vinyl greenhouse
주말농장 weekend farm
농약 pesticides
농촌 farm village
동네 village
빈집 vacant house

도시 생활
소득 income
수준 standard
민원 civil complaint
경비실 security office
하수도 sewerage
격차 gap
경비원 janitor
공업 industry

기타
발레 ballet
미래형 future
현수막 banner
심정 one's heart
감회 sentiments
우박 hail
수석 top
결함 flaw
운항 flight
에베레스트 Everest
고산병 altitude

검사 public prosecutor
법적 legal
쓰나미 tsunami

동사
조르다 pester
으르렁거리다 growl
출동하다 mobilize
삼가다 abstain
해소하다 relieve
심문하다 interrogate
정전되다 power cut
전념하다 concentrate
진정되다 calm down
중단되다 cease
무너지다 collapse
대피하다 take shelter
고통받다 suffer
차지하다 capture

형용사
민망하다 embarrassed
습하다 damp
침착하다 calm
쓸데없다 unnecessary

108 나랑 나랑 한국어 4

3. 어휘와 표현

각 과에 나오는 어휘를 품사별로 분류한 후 의미별로 묶어 제시하였습니다. 「너랑나랑 한국어 1」에서는 그림과 함께 제하하였는데 추상적인 의미가 많아지는 2권부터는 단어의 의미를 영어로 제시하였습니다.

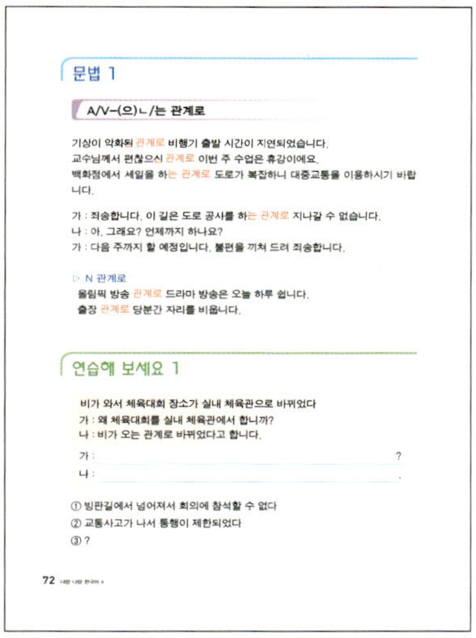

문법 1

A/V-(으)ㄴ/는 관계로

기상이 악화된 관계로 비행기 출발 시간이 지연되었습니다.
교수님께서 편찮으신 관계로 이번 주 수업은 휴강이에요.
백화점에서 세일을 하는 관계로 도로가 복잡하니 대중교통을 이용하시기 바랍니다.

가 : 죄송합니다. 이 길은 도로 공사를 하는 관계로 지나갈 수 없습니다.
나 : 아, 그래요? 언제까지 하나요?
가 : 다음 주까지 할 예정입니다. 불편을 끼쳐 드려 죄송합니다.

▷ N 관계로
올림픽 방송 관계로 드라마 방송은 오늘 하루 쉽니다.
출장 관계로 당분간 자리를 비웁니다.

연습해 보세요 1

비가 와서 체육대회 장소가 실내 체육관으로 바뀌었다
가 : 왜 체육대회를 실내 체육관에서 합니까?
나 : 비가 오는 관계로 바뀌었다고 합니다.

가 : ?
나 : .

① 빙판길에서 넘어져서 회의에 참석할 수 없다
② 교통사고가 나서 통행이 제한되었다
③ ?

72 나랑 나랑 한국어 4

4. 문법

각 과에서 배워야 할 문법을 예문을 통해 의미를 제시하고 형태 연습과 회화 연습을 함께 제시하였습니다. 이는 한국어의 문법 항목들이 가지는 의미와 상황을 제시하여 연습하게 하고 적절히 사용할 수 있도록 충분한 연습과 활용을 제공하기 위한 것입니다.

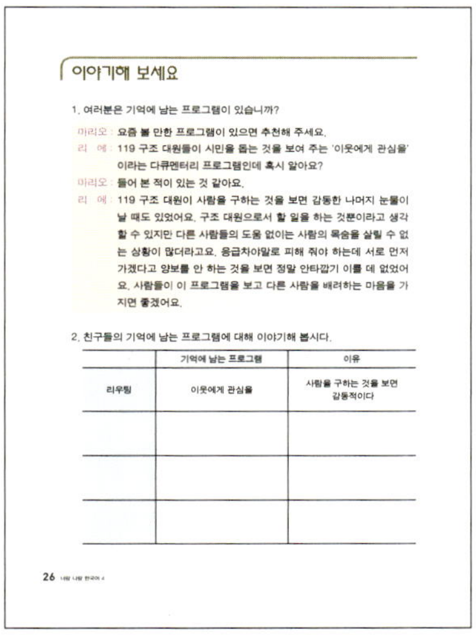

이야기해 보세요

1. 여러분은 기억에 남는 프로그램이 있습니까?

마리오 : 요즘 볼 만한 프로그램이 있으면 추천해 주세요.
리 에 : 119 구조 대원들이 시민을 돕는 것을 보여 주는 '이웃에게 관심을'이라는 다큐멘터리 프로그램인데 혹시 알아요?
마리오 : 들어 본 적이 있는 것 같아요.
리 에 : 119 구조 대원이 사람을 구하는 것을 보면 감동한 나머지 눈물이 날 때도 있었어요. 구조 대원으로서 할 일을 하는 것뿐이라고 생각할 수 있지만 다른 사람들의 도움 없이는 사람의 목숨을 살릴 수 없는 상황이 많더라고요. 응급차야말로 피해 줘야 하는데 서로 먼저 가겠다고 양보를 안 하는 것을 보면 정말 안타깝기 이를 데 없었어요. 사람들이 이 프로그램을 보고 다른 사람을 배려하는 마음을 가지면 좋겠어요.

2. 친구들의 기억에 남는 프로그램에 대해 이야기해 봅시다.

	기억에 남는 프로그램	이유
리우팅	이웃에게 관심을	사람을 구하는 것을 보면 감동적이다

26 나랑 나랑 한국어 4

5. 말하기

각 과에서 학습한 어휘와 문법 항목들을 활용하여 의사소통 과제를 해결하는 다양한 활동을 제공하였습니다. 이를 통해 학습자들은 좀 더 생생한 한국어 말하기 능력을 키울 수 있을 것입니다.

듣기

1. 맞으면 O, 틀리면 X 하세요.
① 한글은 누구나 쉽게 배우고 사용할 수 있는 문자이다. ( )
② 세종대왕은 양반을 위해 한글을 만들었다. ( )
③ 한글은 세계에서 유일하게 만든 사람과 글자 원리, 만든 날짜가 알려졌다. ( )

2. 잘 듣고 내용이 다른 것을 찾으세요.
① 세종대왕의 업적은 한글 이외에도 다양한 분야에 걸쳐있다.
② 이 프로그램은 역사적인 인물을 선정하여 가상으로 인터뷰한다.
③ 세상을 바꾸기 위해서는 세종대왕 같은 위대한 사람이 많아야 한다.
④ 자기 자리에서 최선을 다하고 옆 사람에게도 관심을 가져야 한다.

24 나랑 나랑 한국어 4

6. 듣기 / 읽기 / 쓰기

듣기와 읽기는 각 과에서 배운 내용을 머릿속에 정리하고 확인하는 역할을 합니다. 쓰기는 말하기, 듣기, 읽기 등의 활동을 통해 습득된 내용을 바탕으로 학습자 자신의 이야기를 문장으로 표현하는 연습을 할 수 있습니다.

등장 인물

스테파니

리에

애니

최지영

크리스

마리오

리우팅

토린

목 차

학습 구성표

Chapter	제 목	기 능
09	지금 생각나는 사람이 누구예요?	감정 표현하기, 강조하기
10	연기로 보나 외모로 보나 최지영 씨만큼 대단한 배우도 없어요.	소개하기, 추천하기
11	한국에 오거든 제주도에 가 보세요.	설명하기, 감상하기
12	태풍이 부는 관계로 비행 시간이 2시간 뒤로 미뤄졌습니다.	정보 구하기, 진술하기
13	이웃끼리 인사만 잘 해도 친하게 지낼 수 있어요.	감정 표현하기, 설득하기
14	도시에서는 신호가 바뀌기가 무섭게 자동차가 달려와요.	비교하기, 설명하기
15	아나운서든지 회사원이든지 적성에 맞는 직업을 찾아봐요.	조언하기, 희망 표현하기
16	지금 이야기를 하려던 참이었는데……….	묘사하기, 감상하기

너랑 나랑 한국어 4-B

문 법	어휘와 표현
A/V-(으)ㄴ 나머지, V-(으)ㄴ 채로, N(으)로서, N에 지나지 않다, N(이)야말로, A-기(가) 이를 데 없다/이를 데 없이 A	체험
A-다고 해서, V-ㄴ/는다고 해서 A/V-(으)ㄴ/는 것은 아니다, V-(으)ㄹ까 보다, N(으)로 보나 N(으)로 보나, A/V-(으)ㄴ/는/(으)ㄹ 만큼, 여간 A-(으)ㄴ N이/가 아니다, N을/를 통해서	대중 문화
V-는 도중에, A/V-거든, V-(으)ㄹ 겸, N을/를 비롯해(서)/비롯한, N에 앞서(서), V-고서야	한국 문화
A/V-(으)ㄴ/는 관계로, A-(으)ㄴ가 / V-나 / N(이)ㄴ가 하다, V-(으)려고 들다, A/V-기까지 하다, V-(으)ㄴ 결과, A/V-(으)ㄴ/는 것으로 밝혀졌다	사건, 재난, 재해 기사문
N은/는커녕, N조차, N만 A/V-아/어도, V-느니 (차라리), A-다니까(요), V-ㄴ/는다니까(요), V-기 십상이다	이웃, 주변
N(으)로 인해(서)/인한, A/V-(으)ㄹ 수밖에 없다, N에, A/V-(으)ㄹ 따름이다, V-기가 무섭게, V-아/어 대다	도시, 근교 생활
A/V-든지 A/V-든지, V-기 나름이다, A/V-(으)므로, V-고(야) 말겠다, V-는 한편, A/V-(으)ㄴ/는 법이다	진로, 전공
N(이)며 N(이)며, V-(으)려던 참이다, N 만에, N스럽다, A/V-았/었더라면, A/V-(으)ㄴ/는 것은 고사하고	문학(동화)

일러두기*

STUDY에서는 한국어의 일상적인 어휘와 문법을 익히고 다양한 연습을 통해 전달하기, 조언하기 등의 의사소통 과제를 해결하는 능력을 기를 수 있도록 구성하였습니다. 문법에서 기호 N은 명사, A는 형용사, V는 동사를 가리킵니다.

너랑 나랑 한국어 4-B

STUDY

09 지금 생각나는 사람이 누구예요?

10 연기로 보나 외모로 보나 최지영 씨만큼 대단한 배우도 없어요.

11 한국에 오거든 제주도에 가 보세요.

12 태풍이 부는 관계로 비행 시간이 2시간 뒤로 미뤄졌습니다.

13 이웃끼리 인사만 잘 해도 친하게 지낼 수 있어요.

14 도시에서는 신호가 바뀌기가 무섭게 자동차가 달려와요.

15 아나운서든지 회사원이든지 적성에 맞는 직업을 찾아봐요.

16 지금 이야기를 하려던 참이었는데…….

memo*

09

지금 생각나는 사람이 누구예요?

- 학습목표 : 기억에 남는 일과 존경하는 사람에 대해 이야기할 수 있다.
- 기　　능 : 감정 표현하기, 강조하기
- 문　　법 : A/V-(으)ㄴ 나머지, V-(으)ㄴ 채로, N(으)로서, N에 지나지 않다, N(이)야말로, A-기(가) 이를 데 없다/이를 데 없이 A

여러분의 기억에 남아 있는 것에 대해 이야기해 보세요.

기억에 남는 사람은 누구입니까?
기억에 남는 여행지는 어디입니까?
기억에 남는 영화는 무엇입니까?

어휘와 표현

명사

대회
피겨스케이팅 figure skating
불합격 failure

과학
원리 principle
분야 field
글자 letter
학자 scholar

한국 문화
태극기 korean flag
애국가 national anthem
세종대왕 king Sejong
아리랑 A Korean folk song: Arirang
만세 hurrah
결혼식장 wedding hall
대한민국 Republic of Korea

기타
계기 opportunity
언론사 press company
공통적 common
몇몇 several
엑스트라 extra
회장님 chairman
음악회 concert
청취자 listener
농업 agriculture
여행객 tourists
화제 topic
라이터 lighter
색색 all colors
영광 honor

동사

기부하다 donate
보살피다 look after
존경하다 admire
공개하다 make public
삭발하다 shave the head
선정하다 select
외치다 shout out
모시다 subserve

형용사

안타깝다 regrettable
유일하다 only
멍하다 go blank

부사

참 really
이미 already
마땅히 naturally

표현

전통 시장 traditional market
금메달을 따다 win a/the gold medal
별말씀을요 don't mention it
힘이 세다 be mighty
이야기를 나누다 talk

더 배워 봅시다.

입에 침이 마르다 : 입에 침이 마를 정도로 여러 번 말한다
시작이 반이다 : 모든 일은 시작이 중요하다
작은 고추가 맵다 : ① 몸이 작은 사람이 큰 사람보다 힘이 세거나 일을 잘한다
② 나이가 어린 사람이 나이가 많은 사람보다 일을 잘한다

예) 리 에 : 애니 씨, 오늘은 왜 표정이 안 좋아요? 무슨 걱정이라도 있어요?
애 니 : 아니요. 엄마 때문에 그래요. 우리 엄마는 언니가 공부를 잘한다고 **입에 침이 마르도록** 칭찬을 하세요.
리 에 : 그럼 애니 씨도 열심히 공부해서 **작은 고추가 맵다**는 것을 보여 주세요.
애 니 : 제가 이제 공부해서 될까요?
리 에 : **시작이 반**이라는 말도 있잖아요. 힘내요. 파이팅!

문법 1

A/V-(으)ㄴ 나머지

점심을 너무 많이 먹은 나머지 배탈이 났어요.
불합격했다는 소식을 듣고 너무 속상한 나머지 울고 말았어요.
버스에서 책을 열심히 읽은 나머지 내릴 곳을 지나고 말았어요.

가 : 리에 씨가 다리를 다쳤다면서요?
나 : 네. 너무 급한 나머지 뛰어가다가 넘어졌대요.

문법 2

V-(으)ㄴ 채로

너무 피곤한 나머지 옷을 입은 채로 잠이 들었어요.
고기를 먹으러 식당에 갔다가 앞치마를 한 채로 나왔어요.
책상 위에 휴대폰을 두고 와서 신발을 신은 채로 방에 들어갔어요.

가 : 목소리가 왜 그래요?
나 : 감기에 걸렸어요. 어제 창문을 연 채로 잤거든요.

연습해 보세요 1

크리스 씨는 일이 바빠서 서서 밥을 먹었다
가 : 크리스 씨가 많이 바쁜가 봐요?
나 : 네. 일이 바쁜 나머지 선 채로 밥을 먹더라고요.

가 : ____________________ ?
나 : ____________________ .

① 영화가 잔인해서 사람들이 눈을 감고 영화를 봤다
② 리에 씨는 술에 취해서 세수도 안 하고 잤다
③ ?

문법 3

N(으)로서

제주도는 한국의 대표적인 관광지로서 외국인들에게 유명한 곳입니다.
리우팅 씨는 컴퓨터 회사의 사장으로서 직원들을 위해서 노력하고 있습니다.
김연아 선수는 한국을 대표하는 피겨스케이팅 선수로서 여러 대회에서 금메달을 땄습니다.

가 : 이번 주말에 고향에서 친구가 오는데 어디를 소개하면 좋을까요?
나 : '한국 민속촌'이 어때요? 한국의 옛 모습을 볼 수 있는 곳으로서 직접 체험할 수 있는 것들이 많이 있어요.

문법 4

N에 지나지 않다

그 의견에 찬성한 사람은 몇몇에 지나지 않았다.
두 사람은 같은 반 친구에 지나지 않으니까 오해하지 마.
이 사진은 평범한 사진에 지나지 않는데 이렇게 큰 상을 주셔서 감사합니다.

가 : 도와주셔서 감사합니다. 리에 씨가 아니었으면 큰일날 뻔했어요.
나 : 뭘요. 시민으로서 마땅히 해야 할 일을 한 것에 지나지 않습니다.

▷ V-(으)ㄴ/는 것에 지나지 않다
그 일은 꿈을 꾼 것에 지나지 않으니까 너무 신경 쓰지 마.
제가 한 일은 여러 사람들이 한 일을 정리한 것에 지나지 않습니다.

연습해 보세요 2

크리스 씨는 후배들에게 한턱냈다
가 : 크리스 씨, 후배들에게 한턱냈다면서요?
나 : 선배로서 해야 할 일을 한 것에 지나지 않아요.

가 : ____?
나 : ____.

① 마리오 회장님은 고아원에 1억 원을 기부했다
② 스테파니 씨는 하루에 10시간씩 공부했다
③ ?

문법 5

N(이)야말로

친구야말로 인생을 살아가는 데 꼭 필요한 사람이에요.
지금이야말로 생각의 변화가 필요한 시기입니다.
잠을 잘 자는 것이야말로 건강한 생활을 위해 가장 중요한 것입니다.

가 : 만약 무인도에 가게 된다면 무엇을 가지고 갈 거예요?
나 : 글쎄요. 여러 가지가 필요하겠지만 라이터야말로 꼭 필요한 것이겠지요.

연습해 보세요 3

한국을 대표하는 곳은 제주도이다
가 : 한국을 대표할 만한 곳이 어디일까요?
나 : 제주도야말로 한국을 대표할 만한 곳이지요.

가 : ______________________________?
나 : ______________________________.

① 우리가 보살필 사람은 부모가 없는 아이들이다
② 살아 있는 한국을 느낄 수 있는 곳은 전통 시장이다
③ ?

문법 6

A-기(가) 이를 데 없다/이를 데 없이 A

많은 사람들이 환영해 줘서 감사하기가 이를 데 없습니다.
설악산에서 본 색색의 단풍은 아름답기가 이를 데 없었습니다.
이번 음악회의 연주는 이를 데 없이 훌륭했습니다.

가 : 오늘은 김단국 선수의 부모님과 이야기를 나눠 보겠습니다. 안녕하십니까?
먼저 김단국 선수의 우승 소식을 축하드립니다. 기쁘시지요?
나 : 네. 대한민국 국민으로서는 물론이고 부모로서도 기쁘기가 이를 데 없습니다.

연습해 보세요 4

이번 경기에 최선을 다했지만 성적이 좋지 않았다
가 : 이번 경기가 어땠어요?
나 : 최선을 다했지만 성적이 좋지 않아서 안타깝기가 이를 데 없었어요.

가 : ______________________________ ?
나 : ______________________________ .

① 이번 면접을 열심히 준비했지만 떨어졌다
② 결혼식장이 멀었지만 많은 사람들이 왔다
③ ?

연습해 보세요 5

A/V-(으)ㄴ 나머지	V-(으)ㄴ 채로	N(으)로서
N에 지나지 않다	N(이)야말로	A-기(가) 이를 데 없다/이를 데 없이 A

가 : 며칠 전에 식당에 밥을 먹으러 갔는데 그 식당에서 제가 좋아하는 배우 크리스 씨를 만났어요.

나 : 정말요? 너무 좋았겠네요!

가 : 그럼요. 얼굴도 잘생기고 키도 커서 (멋있다) ______________________
저는 너무 (놀라다) ______________ 물을 마시다가 흘렸고, 제 친구는 숟가락을 (들다) ______________ 한동안 멍하니 그 사람을 바라봤어요.

나 : 다른 배우도 많은데 왜 크리스 씨를 좋아해요?

가 : 저는 크리스 씨가 (배우) ______________ 항상 최선을 다하는 모습을 보여 줘서 정말 좋아요. (크리스 씨) ______________ 최고의 배우라고 생각해요.

나 : 맞아요. 생각해 보니 얼마 전에 출연한 영화에서 (엑스트라) ______________
역할을 위해서 삭발까지 했다고 해요.

가 : 아. 그래서 모자를 쓰고 있었구나!

본문

김 단 국 : 주말 잘 보냈어요?

스테파니 : 그럼요. 김단국 씨도 주말 잘 보냈어요?

김 단 국 : 이번 주말은 종일 소파에 누운 채로 텔레비전만 봤어요. 일요일에 '우리는 사나이'라는 프로그램을 봤는데 거기에 외국인도 나오더라고요.

스테파니 : 저도 본 적이 있어요. 리우팅과 크리스, 맞지요?

김 단 국 : 맞아요. 그 두 사람이 한국의 군대 생활을 체험하는 프로그램인데 참 재미있었어요. 한국인으로서도 쉽지 않은 일인데 벌써 여러 달째 그 프로그램에 출연하고 있어요.

스테파니 : 처음 그 방송을 볼 때는 군대 생활을 가볍게 보여 주는 것에 지나지 않을 거라고 생각했어요. 그런데 보면 볼수록 리우팅과 크리스의 노력이 대단한 것 같아요.

김 단 국 : 맞아요. 그 사람들이 너무 힘든 나머지 화장실에서 몰래 우는 모습을 보니까 제 군대 생활이 기억나더라고요.

스테파니 : 얼마 전 방송에서는 리우팅 씨가 서툰 한국말과 행동 때문에 군인들이 자기를 귀찮아한다고 했어요. 그래서 앞으로는 더 노력해서 그런 말을 듣지 않겠다는 말도 했고요.

김 단 국 : 그랬군요! 프로그램도 힘들었을 텐데 그런 말까지 들었으면 정말 마음이 아팠겠네요!

날개를 달자!!

사나이 man	한국인 Korean
군인 soldier	

1. 맞으면 O, 틀리면 X 하세요.

① 한국인은 군대 생활에 적응하기 쉽다. ( )

② 군인들은 크리스와 리우팅을 좋아한다. ( )

③ 크리스와 리우팅은 군대 생활을 보여 주는 프로그램에 출연하고 있다. ( )

2. 김단국 씨는 왜 군대 생활이 기억났습니까?

3. 여러분이 본 프로그램 중에서 기억에 남는 연예인은 누구입니까?

듣기

1. 맞으면 O, 틀리면 X 하세요.

① 한글은 누구나 쉽게 배우고 사용할 수 있는 문자이다. (　　)

② 세종대왕은 양반을 위해 한글을 만들었다. (　　)

③ 한글은 세계에서 유일하게 만든 사람과 글자 원리, 만든 날짜가 알려졌다. (　　)

2. 잘 듣고 내용이 다른 것을 찾으세요.

① 세종대왕의 업적은 한글 이외에도 다양한 분야에 걸쳐있다.

② 이 프로그램은 역사적인 인물을 선정하여 가상으로 인터뷰한다.

③ 세상을 바꾸기 위해서는 세종대왕 같은 위대한 사람이 많아야 한다.

④ 자기 자리에서 최선을 다하고 옆 사람에게도 관심을 가져야 한다.

3. 여러분이 가상 인터뷰를 한다면 누구와 하고 싶습니까?
그 이유는 무엇이며 어떤 질문을 하고 싶습니까?

날개를 달자!!

업적 achievement
한자 chinese character
위대하다 great
기념하다 commemorate
백성 subjects
걸치다 cover a wide range
역사적 historic

이야기해 보세요

1. 여러분은 기억에 남는 프로그램이 있습니까?

마리오 : 요즘 볼 만한 프로그램이 있으면 추천해 주세요.

리 에 : 119 구조 대원들이 시민을 돕는 것을 보여 주는 '이웃에게 관심을' 이라는 다큐멘터리 프로그램인데 혹시 알아요?

마리오 : 들어 본 적이 있는 것 같아요.

리 에 : 119 구조 대원이 사람을 구하는 것을 보면 감동한 나머지 눈물이 날 때도 있었어요. 구조 대원으로서 할 일을 하는 것뿐이라고 생각할 수 있지만 다른 사람들의 도움 없이는 사람의 목숨을 살릴 수 없는 상황이 많더라고요. 응급차야말로 피해 줘야 하는데 서로 먼저 가겠다고 양보를 안 하는 것을 보면 정말 안타깝기 이를 데 없었어요. 사람들이 이 프로그램을 보고 다른 사람을 배려하는 마음을 가지면 좋겠어요.

2. 친구들의 기억에 남는 프로그램에 대해 이야기해 봅시다.

	기억에 남는 프로그램	이유
리우팅	이웃에게 관심을	사람을 구하는 것을 보면 감동적이다

3. 여러분이 프로듀서라면 어떤 프로그램을 만들고 싶습니까? 사람들의 기억에 남을 만한 프로그램을 만들어 보세요.

날개를 달자!!

119 구조 대원 119 rescue team
감동하다 be touched
응급차 ambulance
프로듀서 producer
다큐멘터리 documentary
목숨 life
양보하다 yield

읽기

- 여러분의 기억에는 어떤 사람이 있습니까?

얼마 전 TV 방송을 보다가 한국을 세계에 알리고 있는 한국 홍보 전문가 서경덕 교수에 대해 알게 되었다. 서경덕 교수는 처음 대학에 들어갔을 때 '내가 직접 원하는 일을 해 보자.'라는 생각으로 동아리를 만들었다. 동아리에서 첫 번째로 한 일은 당시 대학생들이 상상한 400년 뒤 서울의 모습에 대한 의견을 모아 '서울천년 타임캡슐' 행사에 참여한 것이다.

그 후 유럽 여행에서 만난 대부분의 외국인들이 자신을 일본인이나 중국인이라고 생각할 정도로 한국에 대해 잘 모른다는 것을 알게 되었다. 그래서 한국을 알리겠다는 결심을 한 후 태극기를 들고 유럽 전 지역을 돌며 한국인 여행객들에게 8월 15일에 에펠탑에서 만나자고 말했다. 1996년 8월 15일, 300명 정도의 배낭 여행객들이 에펠탑 앞에 둥글게 선 채로 애국가와 아리랑을 부르고 만세를 외쳤다. 서경덕 교수는 이 일을 계기로 한국 홍보를 제대로 해 봐야겠다는 생각을 가졌다고 한다.

이렇게 시작된 한국 홍보는 처음에는 한국을 안내하는 작은 책과 부채 등을 들고 다니며 외국의 도서관에 기증하는 작은 일에 지나지 않았다. 그러다가 2005년 뉴욕 타임즈에 독도 광고를 실으며 화제를 불러 일으켰고 지금도 세계적인 언론사에 한국의 역사와 문화에 대한 여러 가지 광고를 싣고 있다.

그가 했던 말 중에 "저는 아직도 이루고 싶은 꿈이 많고 해야 할 일도 많다고 생각합니다. 하지만 말로 되는 것은 없지요. 생각이 떠오르면 바로 움직여야 합니다."라고 한 말이 기억에 남는다.

자신의 생각을 행동으로 보여 주며 지난 10여 년을 보낸 서경덕 교수야말로 젊은이로서 존경할 만한 지식인이 아닐까?

1. 서경덕 교수는 무슨 일을 하는 사람입니까?

2. 이 글의 내용과 다른 것은 무엇입니까?

① '서울천년 타임캡슐' 행사에 참여했다.

② 2005년 뉴욕 타임즈에 독도 광고를 실었다.

③ 대부분의 외국인들은 그를 한국인으로 생각했다.

④ 한국을 안내하는 책과 부채 등을 들고 다니며 외국의 도서관에 기증했다.

3. 만약 여러분이 홍보 전문가라면 여러분의 나라를 알리기 위해 어떤 일을 하겠습니까?

날개를 달자!!

홍보 promotion	서울천년 타임캡슐 Seoul millennium time capsule
에펠탑 the Eiffel Tower	지식인 lintellectual
뉴욕 타임즈 New York Times	싣다 print

쓰기

- 여러분이 존경하는 사람은 누구입니까?

1. 존경하는 사람에 대해 써 보세요.

이름	
업적	
일화	
이유	
기타	

2. 존경받는 사람들의 공통적인 특징이 무엇인지 이야기해 보세요.

3. 여러분이 존경하는 사람을 소개하는 글을 써 봅시다.

10

연기로 보나 외모로 보나 최지영 씨만큼 대단한 배우도 없어요.

- 학습목표 : 좋아하는 연예인을 소개하고 좋아하는 이유를 말할 수 있다.
- 기　　능 : 소개하기, 추천하기
- 문　　법 : A-다고 해서, V-ㄴ/는다고 해서 A/V-(으)ㄴ/는 것은 아니다, V-(으)ㄹ까 보다, N(으)로 보나 N(으)로 보나, A/V-(으)ㄴ/는/(으)ㄹ 만큼, 여간 A-(으)ㄴ N이/가 아니다, N을/를 통해서

여러분이 좋아하는 연예인에 대해서 이야기해 보세요.

어떤 연예인을 좋아해요?
요즘 인기 있는 연예인은 누구예요?
연예인은 어떻게 행동해야 한다고 생각해요?

어휘와 표현

명사

직업

서예가 calligrapher
리포터 reporter

문화

아이쇼핑 window-shopping
무명 obscurity
인기상 Popularity Award
블로그 blog
매력적 charming
붓글씨 brush calligraphy
공로상 achievement award
방청권 admission ticket

기타

시선 one's attention
선행 good deed
야외 outside
동해 East sea
아시아 Asia
닭볶음탕 braised spicy chicken
성능 performance
충격적 shocking
진실 truth
부담 burden
연륜 years long experience
실크 silk
씨앗 seed
묘목 sapling
조카 nephew
그동안 meanwhile

동사

사로잡다 captivate
잠기다 lost in (memories)
삐다 sprain
소통하다 communication
불리다 be called
선보이다 show
떠올리다 recall
인정하다 admit

형용사

까다롭다 particular
신중하다 prudent
독하다 dogged
고소하다 accuse

부사

여전히 as ever
흔히 commonly
매번 all the time
더욱 more

표현

연기 대상 Acting Award
밀크티 milk tea

생크림 케이크 fresh cream cake
비명 소리 sound of a scream
롱 코트 long coat
기사가 나다 article about

빙상 경기장 ice rink
로봇 청소기 robotic vacuum cleaner
그러게 말이에요 that's what I'm saying

더 배워 봅시다.

귀가 얇다 : 다른 사람의 말을 쉽게 믿는다
옷이 날개다 : 좋은 옷을 입으면 더욱 멋있고 아름다워 보인다
친구 따라 강남 간다 : 아무 생각 없이 남이 하는 것을 따라 한다

예) 마리오 : 리에 씨, 이 코트 어때요? 드라마에서 유명한 배우가 입고 나온 코트인데 친구들이 모두 이 옷을 사서 나도 사려고요.
리　에 : **친구 따라 강남 간다고** 친구들이 산다고 해서 따라 사는 것은 좋지 않아요.
점　원 : 손님에게 잘 어울릴 것 같아요. 사지 않으셔도 되니까 한번 입어 보세요.
마리오 : 정말요? 잘 어울릴까요? 그럼 100 사이즈로 입어 볼게요.

(옷을 갈아입은 후)

마리오 : 어때요? 괜찮아요?
리　에 : 음…. 괜찮은데요. **옷이 날개**라고 마리오 씨가 더 멋있어 보여요. 하지만 **귀가 얇은** 건 좋지 않아요. 다음부터는 다른 사람의 말만 믿고 사지 말고 꼭 필요한 것인지 생각해 보고 사세요.

문법 1

A-다고 해서, V-ㄴ/는다고 해서 A/V-(으)ㄴ/는 것은 아니다

물건이 비싸다고 해서 다 좋은 것은 아니에요.
실수를 한다고 해서 다 실패하는 것은 아닙니다.
키가 크다고 해서 항상 인기가 많은 것은 아니에요.

가 : 우리 조카가 매일 만화책만 읽어서 걱정이에요. 공부를 좀 하면 얼마나 좋을까요?
나 : 만화책을 읽는다고 해서 다 나쁜 것은 아니에요.

▷ N(이)라고 해서 A/V-(으)ㄴ/는 것은 아니다

운동이라고 해서 다 힘든 것은 아니에요.
영화배우라고 해서 모두 다 연기를 잘하는 것은 아니에요.

연습해 보세요 1

그 가수는 노래를 잘 못한다
가 : 그 가수는 노래를 잘 못하는 것 같아요.
나 : 가수라고 해서 다 노래를 잘하는 것은 아니에요.

가 : ______________________________.
나 : ______________________________.

① 생크림 케이크는 맛이 없다
② 실크 블라우스는 불편하다
③ ?

문법 2

V-(으)ㄹ까 보다

약속 시간까지 30분 남았으니까 아이쇼핑이나 할까 봐.
이번 주는 너무 피곤했으니까 주말에는 야외로 나갔다 올까 봐요.
커피를 많이 마시면 잠을 못 자니까 밀크티를 마실까 봐요.

가 : 피겨 스케이팅을 보러 빙상 경기장에 갈까요?
나 : 저는 집에 있을까 봐요. 어제 발목을 삐어서 움직이기 불편해요.

연습해 보세요 2

고향에 다녀온 지 얼마 안 되었다
가 : 고향에 갈 거예요?
나 : 아니요. 다녀온 지 얼마 안 됐으니까 여행이나 갈까 봐요.

가 : ______________________________?
나 : ______________________________.

① 짧은 바지를 안 입고 긴 바지를 입었다
② 씨앗을 안 심고 묘목을 심겠다
③ ?

문법 3

N(으)로 보나 N(으)로 보나

가격으로 보나 디자인으로 보나 이 로봇 청소기가 제일 좋은 것 같아요.
그 일에 가장 맞는 사람은 능력으로 보나 성격으로 보나 토린 씨밖에 없어요.
이번 여행은 거리로 보나 음식으로 보나 동해 바다가 최고지요.

가 : 올해의 공로상은 어떤 배우가 받을까요?
나 : 그동안의 업적으로 보나 연륜으로 보나 토린 씨가 받지 않을까요?

문법 4

A/V-(으)ㄴ/는/(으)ㄹ 만큼

리우팅 선배는 경험이 많은 만큼 아는 것도 많아요.
2달 동안 10kg이 빠졌을 만큼 독하게 다이어트를 했어요.
오늘은 샤워를 세 번이나 할 만큼 날씨가 더웠어요.

가 : 리에 씨의 친구 크리스 씨 알아요?
나 : 알지요. 사람들이 서예가냐고 물어 볼 만큼 붓글씨를 잘 쓰는 사람이에요.

▷ N만큼

세상에서 가족만큼 소중한 것도 없다고 생각해요.
하늘만큼 땅만큼 사랑하는 사람이 있어요?

연습해 보세요 3

이 휴대폰은 가격과 성능이 좋아서 모두 사고 싶어한다

가 : 이 휴대폰이 어때요?

나 : 가격으로 보나 성능으로 보나 사람들이 사고 싶어할 만큼 인기가 있어요.

가 : ....?

나 : ....

① 최지영 씨는 외모와 실력이 뛰어나서 아시아를 대표한다

② 이 가방은 색상과 디자인이 매력적이어서 사람들의 시선을 사로잡는다

③ ?

문법 5

여간 A–(으)ㄴ N이/가 아니다

이 식당의 닭볶음탕이 여간 매운 것이 아니에요.

아이들과 소통하는 일은 여간 힘든 일이 아니었어요.

TOPIK 시험 6급에 합격하는 것은 여간 어려운 일이 아니에요.

가 : 오늘은 정말 바람이 심하게 부는 것 같아요.

나 : 맞아요. 여간 쌀쌀한 날씨가 아니네요.

▷ 여간 A–지 않다

그 사람은 성격이 여간 까다롭지 않아요.

서울의 교통은 여간 복잡하지 않아요.

연습해 보세요 4

요가를 하면 힘들어서 살이 많이 빠진다

가 : 요가를 하면 살이 많이 빠지지요?

나 : 맞아요. 여간 힘든 운동이 아니거든요.

가 : ____?

나 : ____.

① 연기 대상의 방청권은 인기가 많아서 구하기 힘들다

② 롱 코트는 싸고 예뻐서 사고 싶다

③ ?

문법 6

N을/를 통해서

친구를 통해서 단국대학교를 알게 되었어요.

요즘에는 편지로 연락하기보다 인터넷을 통해서 연락을 해요.

이 프로그램의 인기상은 시청자의 전화 투표를 통해서 결정됩니다.

가 : 우아! 정말 경치가 좋은데요? 여기는 어떻게 찾았어요?

나 : 제가 인터넷으로 검색을 좀 했지요. SNS를 통해서 알게 되었어요.

연습해 보세요 5

인터넷 블로그에서 이 식당을 알았다

가 : 이 식당을 어떻게 알았어요?

나 : 인터넷 블로그를 통해서 알게 되었어요.

가 : ______________________________ ?

나 : ______________________________ .

① 드라마를 보고 스테파니 씨를 알았다

② 선배 덕분에 남자 친구를 만났다

③ ?

연습해 보세요 6

A-다고 해서, V-ㄴ/는다고 해서 A/V-(으)ㄴ/는 것은 아니다
V-(으)ㄹ까 보다 N(으)로 보나 N(으)로 보나 A/V-(으)ㄴ/는/(으)ㄹ 만큼
여간 A-(으)ㄴ N이/가 아니다 N을/를 통해서

가 : 이번 주에는 '꿈 속의 그대'를 볼까요?

나 : 그 영화는 무서운 내용이라고 하던데…….

가 : 걱정하지 마세요. (공포영화) ______________ 처음부터 끝까지 (무섭다) ______________

나 : 제가 공포 영화를 (여간) ______________
비명 소리만 나도 (눈물이 나다) ______________ 많이 무섭게 느껴져요.

가 : 그래요? 그럼 '미남은 힘들어'나 (보다) ______________
제가 영화 소개 (프로그램) ______________ 알게 되었는데 코미디 영화래요.
영화에 나오는 (배우) ______________ (분위기) ______________ 스테파니 씨가 보기에 좋을 것 같아요.

나 : 좋아요. 그럼 이번 주에는 저랑 코미디 영화를 보고 다음 주에 리우팅 씨와 공포 영화를 보세요.

본문

- 여러분이 들어 본 연예인에 대한 소문은 어떤 것이 있습니까?

스테파니 : 오늘 미녀 씨에 관한 기사가 난 것을 봤어요?

애　　니 : 봤어요. 그 배우가 정말 죽은 건 아니지요? 그 배우는 연기로 보나 노래 실력으로 보나 최고라서 정말 좋아했는데…….

스테파니 : 알고 보니 그냥 소문이었어요. 저도 텔레비전을 통해서 알게 되었는데 사실이 아니더라고요.

애　　니 : 정말 다행이네요!

스테파니 : 그런데 미녀 씨가 너무 화가 나서 기자를 고소했대요.
그 기자가 심했지요. 어떻게 살아 있는 사람인데 죽었다는 기사를 쓸 수 있어요?

애　　니 : 그러게 말이에요. 원래 무명 기자였는데 충격적인 기사를 써서 유명한 기자가 되고 싶었나 봐요.

스테파니 : 실제로 그 기자에게 물어보니 새로운 기사를 먼저 내려는 욕심에 그런 기사를 썼다고 하더라고요.

애　　니 : 앞으로는 신문에 난 기사라고 해도 다 믿지 말아야겠어요. 그 기사를 보고 또 다른 사람에게 말하면 점점 소문이 커져서 거짓말이 진실이 될 것 같아요.

스테파니 : 그럴 수도 있지요. 그러니 기사는 신중하게 잘 써야 해요.

애　　니 : 맞아요. 연예인이 아니었다면 그런 기사는 없었을 텐데……. 연예인이라고 해서 다 좋은 것은 아닌 것 같아요. 지난번 어떤 가수의 이야기를 들어 보니까 매일 밤을 새울 만큼 바쁘다고 하더라고요. 뿐만 아니라 쉬는 날에도 집 앞에 나갈 때마다 매번 화장을 하고 나간다고 하던데…….

스테파니 : 저도 들었어요. 여기저기에서 사진을 찍기 때문에 항상 긴장해야 한대요.

애　　니 : 저는 연예인의 생활이 화려하고 좋아 보이기만 했는데 그런 게 아니었네요!

스테파니 : 그렇지요. 사람들은 연예인의 사생활을 알고 싶어 하니까 연예인의 생활은 여간 힘든 일이 아닌 것 같아요.

애　　니 : 맞아요. 사실 저도 배우가 되고 싶어서 오디션을 보려고 했는데 그냥 보통 사람으로 살까 봐요.

1. 두 사람은 연예인의 생활이 어떻다고 생각합니까?

2. 기사를 쓰는 기자들은 어떤 마음으로 글을 써야 할까요?

3. 여러분은 연예인에 대해 어떤 소문을 들어 봤나요?

듣기

1. 맞으면 O, 틀리면 X 하세요.

① 남미녀 씨는 국민 여동생으로 불렸던 배우이다. ( )

② 남미녀 씨는 지금도 여전히 많은 사람들의 사랑을 받고 있다. ( )

③ 남미녀 씨는 졸업을 한 후에 다시 연기를 할 예정이다. ( )

2. 남미녀 씨의 생각이 아닌 것은 무엇입니까?

① 사람들의 시선 때문에 부담이 되었다.

② 배우라고 해서 항상 멋있는 생활을 하는 것은 아니다.

③ 다른 사람의 눈에 좋아 보이는 일보다 행복한 일을 찾고 싶다.

④ 남미녀 씨의 친구들은 남미녀 씨와 항상 시간을 같이 보냈다.

3. 여러분의 주변에 유명한 친구가 있다면 어떻게 행동하겠습니까?

날개를 달자!!

온 entire 늘 always

이야기해 보세요

1. 기사문을 읽어 본 후에 친구들과 이야기해 보세요.

발라드 가수 리우팅, 콘서트에서 춤추다!!

지난 10월 발라드 가수 리우팅 씨가 다섯 번째 콘서트를 했다. 그는 콘서트에서 지금까지 한 번도 보여 주지 않았던 춤 실력을 공개했다. 팬들은 그의 열정적인 무대에 감동을 받아서 환호와 함께 뜨거운 박수를 보냈다. 그는 항상 새로운 무대를 선보였는데 특히 이번 무대는 가수로서의 인생을 보여 주는 '최고의 무대'였다고 한다. 리우팅 씨는 실력으로 보나 외모로 보나 최고로 인정 받아 남녀노소를 막론하고 모든 사람들에게 인기를 끌고 있다. 그뿐만 아니라 동료 연예인들도 인정할 만큼 착하며 남몰래 선행을 베풀어 왔다고 한다. 그는 인터뷰에서 항상 사랑해 주시는 팬들에게 감사하며 팬들의 사랑에 보답하기 위해 더욱 노력하는 가수가 되겠다고 소감을 밝혔다.

-DK뉴스 김단국 기자-

2. 여러분이 좋아하는 연예인에 대해 이야기해 봅시다.

친구 이름	좋아하는 연예인	이유	특징
리에	리우팅	외모도 멋있고 노래도 잘한다	착하다, 선행을 베풀었다

3. 직접 리포터가 되어 좋아하는 연예인의 인터뷰를 해 봅시다.

날개를 달자!!

남몰래 secretly

베풀다 have mercy (on)

읽기

- 추억을 공유하는 방법은 무엇일까요?

요즘 '콘서트 7080', '응답하라 1988'과 같은 프로그램의 영향으로 추억에 잠기게 하는 노래와 드라마가 유행하고 있다. 이와 더불어 2011년에 만들어진 '써니'라는 영화에서도 1980년대의 노래와 패션 등을 볼 수 있다.

이런 매체들을 통해서 부모들은 70년대와 80년대의 추억을 떠올리고 자녀들은 부모님의 젊은 시절을 이해할 수 있게 된다. 7080세대를 대표하는 가수로는 조용필, 이문세, 이선희, 양희은 등이 있다. 그런데 K-POP의 주인공인 아이돌의 시대라고 할 수 있는 지금, 그들이 다시 인기를 얻고 있다. 한 음악 프로그램에서는 옛날 가수와 아이돌 가수가 한 자리에 나와서 옛날에 유행했던 노래를 불렀는데 부모님과 자녀들이 한 자리에서 즐길 수 있다는 장점이 있었다.

또한 '응답하라 1988'과 같은 드라마는 지금 우리 부모님들의 젊은 시절을 배경으로 한다. 부모님과 자녀들이 이 드라마를 함께 시청하면서 부모님은 그 시절을 추억하고 자녀들은 지난 시절의 분위기를 느낄 수 있다. 이런 드라마가 유행을 하자 드라마에 나오는 옛날 노래와 배우들도 다시 인기를 얻고 있다.

'써니'라는 영화 역시 자녀들에게는 역사가 되어 버린 1980년대를 영화를 통해 이해할 수 있다. 아는 만큼 보인다는 말처럼 지난 세대를 잘 이해한다면 현재를 살아가는 자녀들에게도 도움이 될 것이다. 만약 이렇게 공유할 수 있는 것이 없다면 서로를 이해하는 것은 여간 어려운 일이 아닐 것이다.

부모와 자녀 사이에 서로의 세대를 이해하고 추억을 공유할 수 있는 방법으로 이보다 좋은 것이 또 있을까?

날개를 달자!!

응답하다 reply	영향 influence
더불어 together	매체 medium
시절 days	세대 generation
배경 background	시청하다 watch

1. 이 글을 요약할 수 있는 한 단어는 무엇입니까?

2. 윗글의 내용과 같은 것을 고르십시오.

① 7080 가수들은 대중들에게 잊혀졌다.

② 드라마에 나온 옛날 노래가 다시 인기를 얻고 있다.

③ 드라마를 통해서는 1980년대의 시대를 알 수 없다.

④ 요즘 자녀들과 부모님이 함께 공유할 만한 것은 없다.

3. 여러분은 부모님의 어렸을 때를 알고 있습니까? 여러분과 부모님의 추억을 공유하는 방법은 무엇입니까?

쓰기

- 연예인의 생활은 어떨까요?

1. 연예인이라는 직업의 장점과 단점에 대해서 이야기해 보세요.

	장점	단점
사회생활		
개인 생활		
기타		

2. 여러분은 연예인의 사생활이 보호되어야 한다고 생각합니까? 공개되어야 한다고 생각합니까? 연예인과 팬의 입장이 되어서 생각해 봅시다.

연예인의 입장	팬의 입장

3. 기자가 되어 좋아하는 연예인의 기사문을 써 보세요.

memo*

11

한국에 오거든 제주도에 가 보세요.

- 학습목표 : 한국을 대표하는 것과 상징하는 것에 대해 이야기할 수 있다.
- 기 능 : 설명하기, 감상하기
- 문 법 : V-는 도중에, A/V-거든, V-(으)ㄹ 겸, N을/를 비롯해(서)/비롯한, N에 앞서(서), V-고서야

한국에 대해 이야기해 볼까요?

'한국'하면 생각나는 것은 무엇입니까?
한국을 대표하는 문화는 무엇이라고 생각합니까?
여러분에게 '한국'은 어떤 나라입니까?

어휘와 표현

명사

운동경기
골프 golf
사격 shoot
양궁 archery
펜싱 fencing
시상식 awards ceremony
축사 congratulatory message

국경일
3 · 1절 independence movement day
제헌절 constitution day
광복절 national liberation day
개천절 national foundation of Korea
현충일 memorial day

기타
바리스타 barista
국악 korean classical music
삼청동 Samcheong-dong
경비 expenses
수험표 test identification
한류 korean wave
문구류 stationery
원장님 director
사인펜 maker
종로 Jongno
교포 overseas Korean
반복적 repetitive
공식적 official
정서 emotion
가능성 probability
국기 national flag
의미 meaning

동사

베다 cut
상징하다 symbolize
내세우다 impose
부러지다 break
통일되다 be reunited
공감하다 sympathize
완쾌되다 complete recovery
획득하다 gain
살펴보다 examine
존재하다 existence
퍼지다 spread

형용사

굉장하다 wonderful
무한하다 limitless

부사

흠뻑 grow very attached to
꼼꼼히 carefully

표현

길
쌈지 길 Ssamziegil
가로수 길 Garosu-gil road
경리단 길 Gyeonglidangil-street

하늘 공원 Haneul park
길거리 응원 roadside supports
트릭아이미술관 Trickeye Museum
붉은 악마 red evils
무렵 about the time
프러포즈 propose
K-CULTURE Korean-culture
이천 도자기 축제 Icheon ceramics festival
구매 목록 shopping list
매력에 빠지다 fall into charm
커피를 내리다 brew coffee
정상에 오르다 gain the summit

더 배워 봅시다.

몸살이 나다 : 어떤 일을 하고 싶어서 참을 수 없다
파김치가 되다 : 매우 지친다
벼는 익을수록 고개를 숙인다 : 훌륭한 사람일수록 겸손하고 자기를 내세우지 않는다

예) 리 우 팅 : 마리오 씨, 콘서트는 잘 끝났어요?
마 리 오 : 네. 꼼꼼히 준비해서 큰 실수 없이 잘 끝났어요.
리 우 팅 : 친구들도 이번 콘서트가 너무 재미있고 즐거웠다고 하던데요. 마리오 씨는 정말 대단한 것 같아요.
마 리 오 : 대단하기는요. 다 같이 한 거지요. 같이 준비한 사람들이 **파김치가 됐어요**.
리 우 팅 : **벼는 익을수록 고개를 숙인다**더니 마리오 씨는 참 겸손한 사람이군요.
마 리 오 : 뭘요. 저는 하고 싶은 일을 못 하면 **몸살이 나거든요**. 이번 행사도 너무 하고 싶었던 일이었는데 결과가 좋아서 다행이에요.

문법 1

V-는 도중에

음악을 듣는 도중에 친구가 와서 음악을 다 못 들었어요.
전화하는 도중에 휴대폰 배터리가 없어서 전화가 끊겼어요.
요리를 하는 도중에 손을 베어서 병원에서 치료를 받았어요.

가 : 왜 이렇게 젖었어요?
나 : 집에 오는 도중에 갑자기 비가 내려서 그래요.

▷ N 도중에

운전 도중에는 휴대전화를 사용할 수 없습니다.
야구 경기 도중에 선수가 프러포즈를 해서 깜짝 놀랐어요.

문법 2

A/V-거든

주말에 리에 씨를 만나거든 '트릭아이미술관'에 가 보자.
예쁜 꽃병을 만들거든 제 생일 선물로 주세요.
바리스타 자격증을 따거든 맛있는 커피를 내려 주세요.

가 : 혹시 제가 없을 때 전화가 오거든 메모를 남겨 주세요.
나 : 알겠어요. 걱정하지 말고 다녀오세요.

연습해 보세요 1

수업을 하다가 모르는 것이 있다

가 : 수업을 하는 도중에 모르는 것이 있을 때는 어떻게 합니까?
나 : 모르는 것이 있거든 언제든지 질문하세요.

가 : ________________________________?
나 : ________________________________.

① 노트북을 사용하다가 문제가 생겼다
② 책을 읽다가 어려운 단어가 나왔다
③ ?

문법 3

V-(으)ㄹ 겸

책도 보고 문구류도 살 겸 서점에 다녀왔어요.
오늘은 바람도 쐬고 도자기도 만들 겸 '이천 도자기 축제'에 갑시다.
요즘에는 차도 마시고 일도 할 겸 커피숍에 가서 시간을 보내는 사람들이 많대요.

가 : 이번 방학에 어디로 여행을 갈까요?
나 : 올레길도 걷고 바다도 볼 겸 제주도에 가는 게 어때요?

▷ N 겸 N

오늘은 아침 겸 점심으로 샌드위치를 먹었어요.
김단국 씨는 모델 겸 배우로 요즘 큰 인기를 얻고 있어요.

연습해 보세요 2

주말에 하늘 공원에 다녀왔다

가 : 주말에 하늘 공원에 다녀왔다면서요?
나 : 운동도 하고 산책도 할 겸 다녀왔지요.

가 : ______________________________ ?
나 : ______________________________ .

① 연휴에 가로수 길에 갔다 왔다
② 지난 학기에 동아리에 가입했다
③ ?

문법 4

N을/를 비롯해(서)/비롯한

한국어 시험을 잘 보기 위해서는 말하기를 비롯해서 듣기, 쓰기, 읽기를 모두 잘해야 해요.
서울에는 명동을 비롯해서 삼청동, 쌈지 길, 경리단 길 등 가 볼 만한 곳이 많습니다.
우리 학교에는 중국을 비롯한 여러 나라의 학생들이 있습니다.

가 : 지난 올림픽의 결과를 알고 있나요?
나 : 네. 알아요. 골프를 비롯해서 사격, 양궁, 펜싱 등 여러 종목에서 메달을 획득했지요.

문법 5

N에 앞서(서)

시상식에 앞서서 원장님의 축사를 듣겠습니다.
공연 시작에 앞서 휴대폰 전원은 꺼 주시기 바랍니다.
수영 경기에 앞서 참가자를 확인하겠습니다.

가 : 수상자의 소감을 들어보겠습니다.
나 : 소감에 앞서서 감사의 인사를 드리고 싶은 분이 있습니다.

▷ V-기에 앞서(서)

대회를 시작하기에 앞서 주의 사항을 알려드리겠습니다.
쇼핑하기에 앞서서 구매 목록을 작성해야 과소비를 하지 않는다.

연습해 보세요 3

여행을 하려면 여권과 비행기 표와 여행 경비를 준비해야 한다

가 : 여행을 할 때 무엇을 준비해야 해요?
나 : 여행하기에 앞서 여권을 비롯해서 비행기 표와 여행 경비 등을 준비해야 해요.

가 : ______________________________?
나 : ______________________________.

① 시험을 보려면 수험표와 신분증과 사인펜을 준비해야 한다
② 유학을 가려면 TOPIK 성적과 입학 서류와 유학 경비를 준비해야 한다
③ ?

문법 6

V-고서야

너무 긴장됐는데 물을 두 병이나 마시고서야 긴장이 좀 풀렸어요.
리우팅 씨는 다리가 부러져서 한 달이나 치료를 받고서야 완쾌되었다.
그 산은 너무 높아서 해질 무렵이 되고서야 정상에 올라갈 수 있었어요.

가 : 어제 일찍 퇴근했어요?
나 : 아니요. 일이 너무 많아서 밤늦게까지 일하고서야 퇴근할 수 있었어요.

연습해 보세요 4

드라마를 12시까지 봤다
가 : 어제 일찍 잤어요?
나 : 아니요. 드라마를 12시까지 보고서야 잠이 들었어요.

가 : ______________________________ ?
나 : ______________________________ .

① 백화점에서 3시간 더 쇼핑했다
② 도서관에서 단어와 문법을 다 외웠다
③ ?

연습해 보세요 5

V-는 도중에	A/V-거든	V-(으)ㄹ 겸
N을/를 비롯해(서)/비롯한	N에 앞서(서)	V-고서야

가 : 주말에 고향에서 친구가 오는데 어디에 가면 좋을까요?

나 : 음. (남산 한옥 마을) ________________ 청계천, 인사동 등 소개할 곳이 많이 있어요.

가 : 그렇군요! 거기에 가려면 (소개) ________________ 여러 가지 정보를 잘 알아야겠지요?

나 : 제 생각에는 국악 공연도 하고 전통 문화도 (체험하다) ________________ 남산 한옥 마을이 좋을 것 같은데요.

가 : 좋은 생각이네요!

나 : (구경하다) ________________ 모르는 것이 (생기다) ________________ 저에게 전화하세요. 그리고 '서울천년 타임캡슐 광장'도 있으니까 구경해 보세요.

가 : 그게 뭐예요?

나 : 천 년 후의 후손들에게 전하고 싶은 물품 600점을 타임캡슐에 보관해 놓은 곳이에요.

가 : 우아! 굉장하군요! 천 년이 (지나다) ________________ 볼 수 있다니…….

날개를 달자!!

남산 한옥 마을 Namsan Hanok Village	청계천 cheonggye creek
후손 descendant	물품 article

본문

- 여러분은 '한국'하면 생각나는 것이 무엇입니까?

선 생 님 : 여러분은 '한국'하면 생각나는 것이 뭐예요?

마 리 오 : 제 생각에는 김치인 것 같아요. 처음 김치를 봤을 때는 냄새도 이상하고 맵고 짠 맛도 이상했는데 지금은 김치가 없으면 밥을 못 먹을 정도예요.

선 생 님 : 한국 사람이 다 되었군요!

리 우 팅 : K-CULTURE야말로 한국의 대표적인 문화가 아닐까요? K-POP을 비롯해서 드라마나 영화가 한국을 알리는 데 중요한 역할을 하고 있잖아요.

선 생 님 : 맞아요. 김치와 K-POP, 드라마나 영화 모두 한국 문화를 대표하는 것들이지요. 또 다른 의견이 있는 학생 있어요?

스테파니 : 저도 김치나 비빔밥, K-POP에 대한 이야기를 많이 듣고 한국의 문화도 알아볼 겸 한국에 왔는데 얼마 전에 '길거리 응원'에 대해 알게 되었어요.

선 생 님 : 그렇지요. 길거리 응원은 2002년 월드컵 때 시작이 되었어요. 한국 선수단의 경기가 있을 때 사람들이 거리로 나와 응원을 했는데 이들을 '붉은 악마'라고 부르기 시작했어요.

리 우 팅 : 저도 본 적이 있어요. 응원에 앞서 모두 빨간 옷을 입었는데 얼굴에 태극기를 그린 사람, 태극기로 옷을 만들어 입은 사람도 봤어요.

선 생 님 : 맞아요. 그 때 너도 나도 할 것 없이 모두 빨간 옷을 입었어요.

리　　에 : 우아! 정말 멋있었겠네요! 저는 종로에서 광화문으로 가는 도중에 봤던 청계천이 기억나요. 한국에 오기 전에는 몰랐는데 야경이 정말 아름답더라고요. 친구들에게 한국에 오거든 꼭 가보라고 소개하고 싶은 서울의 관광지예요.

선 생 님 : 그렇군요! '한국'하면 떠오르는 것들에는 여러 가지 음식과 장소, 한류 문화 등 많은 것이 있네요!

1. 윗글에서 밑줄 친 부분의 의미를 가진 단어를 본문에서 찾아서 쓰세요.

2. 학생들은 '한국'을 대표하는 것으로 무엇을 이야기했습니까?

3. 여러분의 고향에서 한국은 어떻게 소개되고 있습니까?

듣기

1. 맞으면 O, 틀리면 X 하세요.

① 아리랑은 2014년에 유네스코에 등재되었다. ( )

② 재즈 가수 나윤선은 아리랑 공연을 관람하였다. ( )

③ '아리랑'에 대한 정보를 제공하는 사이트는 3,600개가 넘는다. ( )

2. 아리랑에 대한 설명으로 틀린 것은 무엇입니까?

① 종류가 매우 다양하다.

② 즉흥적으로 변형할 수 없다.

③ 노랫말과 곡조가 단순하여 기억하기 쉽다.

④ 단순하고 반복적이라 누구나 공감할 수 있다.

3. 여러 지역의 아리랑을 들어보고 떠오르는 느낌을 이야기해 봅시다.

날개를 달자!!

민족 ethnic group
애환 joys and sorrows
곡조 tune
즉흥적 impromptu
유네스코 UNESCO
등재되다 register
한 resentment
노랫말 lyrics
단순하다 simple
변형 modify
인류 무형 유산 Intangible human heritage

이야기해 보세요

1. 나라를 상징하는 것에는 무엇이 있습니까?

리 에 : 한국을 상징하는 동물을 알고 있어요?
토 린 : 호랑이라고 들었어요. 옛날이야기에도 많이 나오고 한국 지도를 보면 호랑이와 비슷하게 생겼거든요.
애 니 : 그러면 한국을 대표하는 장소는 어디일까요?
리 에 : 글쎄요. 제 생각에는 제주도인 것 같아요.

2. 나라를 상징하는 다양한 것들에 대해 이야기해 보세요.

나라 / 상징하는 것	한국		
장소			
동물			
음식			

3. 여러분의 나라를 상징하는 것들에는 무엇이 있는지 친구들에게 소개해 봅시다.

읽기

- 한국의 국기, 국가, 국화에 대해 알아봅시다.

한국의 국기는 '태극기'이다. 태극기는 흰색 바탕에 가운데는 파란색과 빨간색으로 나뉜 원이 있고 모서리마다 검은색 직사각형의 띠가 그려져 있다. 한국의 국기는 1882년에 박영효가 인천에서 일본으로 가는 배에서 만들었다. 그 후 태극기는 여러 가지 모양으로 변형하여 사용하기도 했지만 1948년에 국기의 모양과 크기가 통일되어 오늘날의 모습이 되었다.

태극기는 국경일인 3 · 1절(3월1일), 제헌절(7월17일), 광복절(8월15일), 개천절(10월3일), 한글날(10월9일)을 비롯해서 국가 기념일인 현충일(6월6일), 국군의 날(10월1일) 등에 단다.

한국의 국가는 '애국가'이다. 애국가는 나라를 사랑하는 노래라는 뜻을 가지고 있다. 1935년에 안익태가 작곡을 했으며 1948년부터는 정부의 공식적인 행사에 사용되었고 교과서에 실리면서 전국적으로 퍼지게 되었다.

한국의 국화는 '무궁화'이다. 이 꽃은 영원히 지지 않는 꽃이라는 뜻을 가지고 있다. 한국 사람들은 무궁화를 하늘의 꽃이라 생각하여 소중하게 생각했고 중국에서는 한국을 '무궁화가 피고 지는 군자의 나라'라고 불렀다고 한다.

1. 글의 내용과 같으면 O, 다르면 X 하세요.

① 태극기는 일본으로 가는 배에서 만들어졌다. (　　)

② 애국가는 만들어지자마자 정부의 공식적인 행사에 사용되었다. (　　)

③ 무궁화는 실제로 존재하지 않는 꽃이다. (　　)

2. 태극기를 달아야 하는 날은 언제입니까?

3. 여러분 나라의 국기, 국가, 국화에 대해 이야기해 봅시다. 여러분의 나라를 상징하는 것들은 어떤 뜻을 가지고 있습니까?

날개를 달자!!

바탕 ground	모서리 corner
직사각형 rectangle	달다 hoist
전국적 nationwide	국화 national flower
군자 gentleman	

쓰기

- 팀을 만들어 한국을 홍보하는 영상을 만들어 봅시다.

1. 동영상을 만들기 위해 친구들과 이야기해 보세요.

홍보할 것	
등장하는 것	
등장하는 것의 의미	
상징하는 이유	

2. 친구들의 의견을 들어보고 영상을 준비해 봅시다.

→

↓

←

3. 다른 팀의 홍보 영상을 보고 주제를 찾아 봅시다.

팀			
홍보 주제			
나의 평가			

12

태풍이 부는 관계로 비행 시간이 2시간 뒤로 미뤄졌습니다.

- 학습목표 : 재난의 종류와 재난 대처 방법을 말할 수 있다.
- 기　　능 : 정보 구하기, 진술하기
- 문　　법 : A/V-(으)ㄴ/는 관계로, A-(으)ㄴ가 / V-나 / N(이)ㄴ가 하다, V-(으)려고 들다, A/V-기까지 하다, V-(으)ㄴ 결과, A/V-(으)ㄴ/는 것으로 밝혀졌다

여러분이 알고 있는 재난에 대해서 이야기해 보세요.

여러분이 알고 있는 재난에는 어떤 것이 있습니까?
재난은 왜 생긴다고 생각합니까?
재난을 당했을 때 어떻게 대처하는 것이 좋을까요?

어휘와 표현

명사

재난

졸음운전 drive while drowsy
속보 breaking news
산불 forest fire
실종자 missing person
희생자 victim
공포심 horror
태풍 typhoon

기타

빙판길 icy road
휴강 cancel a class/lecture
증언 testimony
이산화탄소 carbon dioxide
논리적 logical
객관적 objective
통행 pass
햇빛 sunlight
구토 vomit
조직 group
여객기 passenger plane
적극적 active
위생 hygiene

동사

재난

파괴되다 be destructed
대처하다 cope with
지연되다 delayed
실종되다 missing
구조되다 rescue
수색하다 search
전염되다 infect
사망하다 die
발생하다 occurrence
악화되다 deteriorate
대비하다 contrasted
끼치다 cause
분석하다 analyze
보도하다 report
벌어지다 happen
버티다 endure
인식하다 appreciate
부딪치다 bump

기타

뺏다 take away
전달하다 convey
합류하다 join
제한되다 be limited to
저금하다 save (money)

형용사

자상하다 considerate
당당하다 confident

부사

당분간 for a while

표현

지구 온난화 global warming
건강 검진 checkup
화를 참다 suppress one's anger
연기가 나다 produce smoke
도로 공사 road construction
치료약 cure
구급 의약품 first aid medicine
부상을 당하다 encounter wound
피해를 입다 be damaged

더 배워 봅시다.

가슴이 찡하다 : 감동을 받다
물불을 가리지 않다 : 어떤 어려움이나 위험을 생각하지 않고 행동한다
하늘이 무너져도 솟아날 구멍이 있다 : 아무리 어려운 일이라도 해결할 방법이 있다

예) 크 리 스 : 스테파니야, 너는 어떤 직업이 가장 힘든 직업이라고 생각해?
스테파니 : 모든 일이 다 힘들겠지만 소방관이나 경찰관이 가장 힘든 직업인 것 같아. 그들은 **물불을 가리지 않고** 국민의 소중한 생명을 지키기 위해 노력하고 있잖아.
크 리 스 : 맞아. 얼마 전에 뉴스를 보니까 어떤 소방관이 불 속에 있던 엄마와 아이를 구했대. 이 소식을 듣고 **가슴이 찡했어.**
스테파니 : 그러게 말이야. 정말 대단한 분들이지. 그분들은 어떤 생각을 갖고 그렇게 대단한 일을 하시는 걸까?
크 리 스 : 글쎄. 포기하지 않으면 마지막 생명까지 살릴 수 있다는 희망을 갖고 있는 게 아닐까?
스테파니 : 맞아. 우리도 **하늘이 무너져도 솟아날 구멍이 있다**는 말처럼 쉽게 포기하지 말자.

문법 1

A/V-(으)ㄴ/는 관계로

기상이 악화된 관계로 비행기 출발 시간이 지연되었습니다.
교수님께서 편찮으신 관계로 이번 주 수업은 휴강이에요.
백화점에서 세일을 하는 관계로 도로가 복잡하니 대중교통을 이용하시기 바랍니다.

가 : 죄송합니다. 이 길은 도로 공사를 하는 관계로 지나갈 수 없습니다.
나 : 아. 그래요? 언제까지 하나요?
가 : 다음 주까지 할 예정입니다. 불편을 끼쳐 드려 죄송합니다.

▷ N 관계로

올림픽 방송 관계로 드라마 방송은 오늘 하루 쉽니다.
출장 관계로 당분간 자리를 비웁니다.

연습해 보세요 1

비가 와서 체육대회 장소가 실내 체육관으로 바뀌었다
가 : 왜 체육대회를 실내 체육관에서 합니까?
나 : 비가 오는 관계로 바뀌었다고 합니다.

가 : ______________________________?
나 : ______________________________.

① 빙판길에서 넘어져서 회의에 참석할 수 없다
② 교통사고가 나서 통행이 제한되었다
③ ?

문법 2

A-(으)ㄴ가 / V-나 / N(이)ㄴ가 하다

계속 전화를 해도 받지 않아서 바쁜가 했어요.
시끄러운 소리가 들려서 싸우나 했어요.
복권에 당첨됐다는 소식을 듣고 꿈인가 했어요.

가 : 왜 안 먹어요?
나 : 배가 아파서 먹을 수가 없어요.
가 : 그렇군요. 지영 씨가 다이어트를 하나 했어요.

연습해 보세요 2

리에 씨가 책상에 앉아 있다
가 : 리에 씨, 책을 읽고 있어요?
나 : 아니요. 왜요?
가 : 책상에 앉아 있어서 책을 읽나 했어요.

가 : ______________________________ ?
나 : ______________________________ ?
가 : ______________________________ .

① 애니 씨가 안색이 나쁘다
② 크리스 씨가 반지를 끼고 있다
③ ?

문법 3

V-(으)려고 들다

내 동생은 마음에 드는 물건이 있으면 뺏으려고 들어요.
사건을 제대로 전달하기보다는 숨기려고 들어서 사람들은 화를 참을 수 없었다.
피하려고 들지 말고 당당하게 부딪쳐 봐.

가 : 그 두 사람이 왜 헤어졌는지 알아요?
나 : 서로를 이해하려고 들지 않고 싸우기만 했대요.

문법 4

A/V-기까지 하다

내가 좋아하는 배우 마리오 씨는 똑똑한 데다가 자상하기까지 해요.
우리 교실은 창문이 많은 데다가 크기까지 해서 햇빛이 많이 들어와요.
이번 사건은 신고가 늦은 데다가 날씨가 나쁘기까지 해서 희생자가 더 많아졌다.

가 : 왜 이렇게 늦었어요? 우리 6시까지 만나기로 했잖아요.
나 : 정말 미안해요. 길이 막히는 데다가 헤매기까지 해서 더 늦었어요.

▷ N이기까지 하다

리에 씨는 예쁜 데다가 매력적이기까지 해요.
이번 5월 8일은 어버이날인데다가 휴일이기까지 해서 부모님을 찾아뵙는 사람이 많아요.

연습해 보세요 3

커피는 향기가 좋고 맛있다
가 : 왜 커피만 마시려고 들어요?
나 : 향기가 좋은 데다가 맛있기까지 하거든요.

가 : ____________________ ?
나 : ____________________ .

① 게임은 새로운 친구를 사귈 수 있고 재미있다
② 뉴스는 논리적으로 정보를 전달하고 객관적이다
③ ?

문법 5

V-(으)ㄴ 결과

여러 번 오디션을 본 결과 걸그룹에 합류하게 되었어요.
리우팅 씨가 꾸준히 저금을 한 결과 돈을 많이 모았대요.
몸이 아파서 걱정했는데 건강 검진을 한 결과 문제가 없어서 다행이다.

가 : 비행기 사고로 실종된 사람들은 다 구조됐대요?
나 : 네. 사람들이 열심히 수색한 결과 실종자 모두를 구조했대요.

▷ N 결과
아침마다 물을 마시면 건강에 좋다는 연구 결과가 나왔습니다.
교통사고 조사 결과 사고 원인은 졸음운전인 것으로 나타났습니다.

문법 6

A/V-(으)ㄴ/는 것으로 밝혀졌다

시간이 지날수록 재난 지역의 피해가 늘고 있는 것으로 밝혀졌습니다.
설문 조사 결과 요즘은 남자들도 화장을 하는 경우가 많은 것으로 밝혀졌어요.
실험 결과 사람들이 스트레스를 받았을 때 폭식을 하는 것으로 밝혀졌다.

가 : 어제 발생한 산불의 원인이 밝혀졌습니까?
나 : 등산객이 버린 담배꽁초 때문에 불이 난 것으로 밝혀졌습니다.

▷ N인 것으로 밝혀졌다
그 사람의 증언이 거짓인 것으로 밝혀졌다.
지구 온난화에 영향을 주는 것 중의 하나가 이산화탄소인 것으로 밝혀졌다.

날개를 달자!!

실험 experiment	담배꽁초 cigarette butt
범인 criminal	

연습해 보세요 4

도난 사건을 조사해 보니 옆집 사람이 범인이었다

가 : 도난 사건의 결과가 나왔어요?

나 : 조사를 한 결과 옆집 사람이 범인인 것으로 밝혀졌어요.

가 : ____________________ ?

나 : ____________________ .

① 통계를 분석해 보니 국제결혼의 비율이 높아지고 있다

② 오존층을 살펴보니 파괴되었던 오존층 구멍이 줄어들고 있다

③ ?

날개를 달자!!

통계 statistic　　비율 rate

오존층 ozone layer

연습해 보세요 5

A/V-(으)ㄴ/는 관계로	A-(으)ㄴ가 / V-나 / N(이)ㄴ가 하다
V-(으)려고 들다	A/V-기까지 하다
V-(으)ㄴ 결과	A/V-(으)ㄴ/는 것으로 밝혀졌다

며칠 전에 지하철에서 (사고가 나다)__________ 몇 시간 동안 지하철은 운행하지 않았다. 이 사고로 지하철은 모두 불에 탔고 그 안에 타고 있던 승객들도 피해를 입었다.

당시 연기가 나자 지하철 밖으로 먼저 (나가다)__________는 승객들 때문에 사고가 커졌다고 한다. 심지어 어떤 승객은 뛰다가 (넘어지다)__________ (조사하다)__________ 이 사고의 원인은 자신의 미래를 비관적으로 생각한 남자의 범행이라고 한다. 이 남자는 지하철 의자에 앉아서 라이터로 (불을 내다)__________.

이 사고로 인해서 많은 승객들은 부상을 당했고 정신과의 상담을 받아야 할 만큼 공포심을 느꼈다고 한다. 이러한 사고가 발생하지 않도록 평소 안전교육이 필요하며 사고가 났을 경우를 대비한 훈련이 이루어져야 할 것이다.

날개를 달자!!

비관적 pessimistic　　범행 crime

본문

스테파니 : 요즘 재난 영화가 많이 만들어지는 것 같아.

리 우 팅 : 맞아. 나도 그런 생각을 했었는데……. 내가 만들려고 하는 영화의 시나리오를 한번 들어 볼래?

스테파니 : 그렇지 않아도 네가 요즘 뭘 하나 했더니 시나리오를 쓰고 있었구나?

리 우 팅 : 잘 들어 봐. 어떤 제약 회사에서 암을 완치시킬 수 있는 약을 개발했어. 개발한 약으로 임상 실험을 했는데 그 실험에 참여한 사람들이 모두 좀비로 변해 버린 것이 밝혀지게 돼.

스테파니 : 그래? 그래서 어떻게 되는데?

리 우 팅 : 회사에서는 잘못된 소문이라고 하고 좀비로 변한 사람들을 무조건 죽이려고 들었어.

스테파니 : 말도 안 돼. 그 많은 사람들을 어떻게 다 죽여?

리 우 팅 : 그러니까 영화지. 좀 더 들어 봐. 회사는 일반 사람들에게 밝힐 수 없는 관계로 밤에 그 좀비들을 몰래 배에 태워서…….

스테파니 : 그럼 죄 없는 사람들을 죽이기까지 한다는 거야?

리 우 팅 : 당연하지. 안 그러면 이야기가 안 된다고!

스테파니 : 그래 그래. 알겠어. 그럼 그다음에는?

리 우 팅 : 글쎄? 그다음부터는 아직 생각 중이야. 어떻게 하면 좋을까?

스테파니 : 그런데 내용이 낯설지가 않다. 전에 있던 재난 영화를 모두 섞어 놓은 느낌이야. 이거 패러디 영화야?

리 우 팅 : 아니거든!!

낱개를 달자!!

시나리오 scenario	완치 full recovery
제약 회사 pharmaceutical company	임상 clinic
좀비 zombie	죄 sin
패러디 parody	

1. 리우팅이 요즘 하고 있는 일은 무엇입니까?

2. 시나리오의 내용은 무엇입니까?

3. 시나리오의 뒷부분은 어떻게 만들면 좋을까요?

듣기

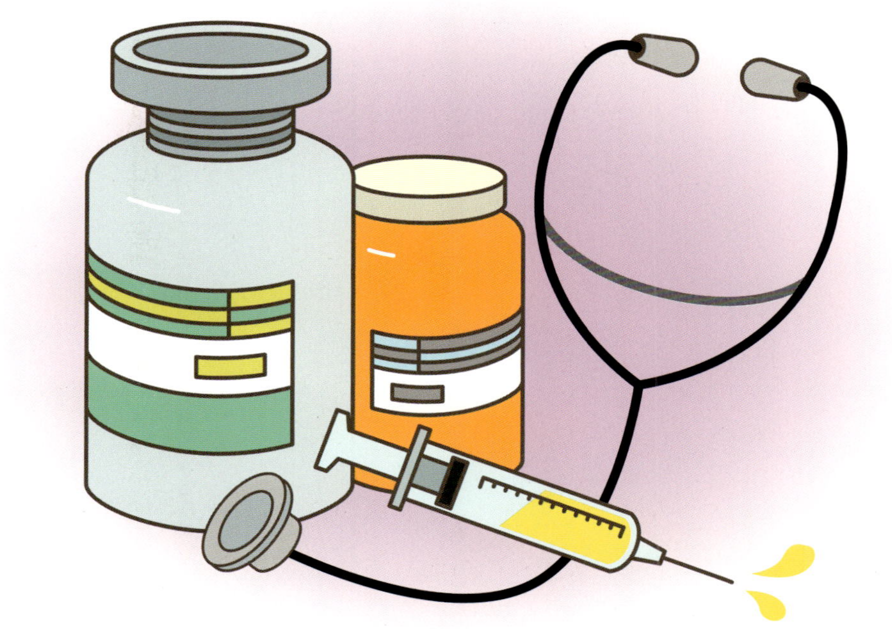

1. 맞으면 O, 틀리면 X 하세요.

① 성인 남성들이 쉽게 전염된다. ( )

② 감기 바이러스의 치료약은 연구 중이다. ( )

③ 이 바이러스에 전염되면 심할 경우 사망할 수도 있다. ( )

2. 바이러스에 전염되면 어떤 증상이 나타납니까?

①

②

3. 바이러스의 전염을 예방하려면 어떻게 해야 합니까?

①

②

4. 여러분이 알고 있는 전염병과 해결 방법에 대해 이야기해 봅시다.

이야기해 보세요

1. 다음의 보도문을 잘 읽고 이야기해 봅시다.

- 언　제 : 2001년 09월 11일(오전 9시~오후 5시 20분)
- 어디서 : 미국 뉴욕
- 누　가 : 테러 조직
- 무엇을 : 110층짜리 세계무역센터(WTC) 쌍둥이 빌딩
- 어떻게 : 여객기를 이용해 빌딩을 폭파함.
- 내　용 : 여객기를 납치해서 세계무역센터에 충돌함.
  건물 2동을 모두 무너뜨림.
  미국은 테러와의 전쟁을 선포함.
- 피해 상황 : 인적 피해 : 여객기에 탑승한 승객 266명 전원 사망함.
  세계무역센터에서 2,500~3,000명 사망 또는 실종됨.
  물적 피해 : 세계무역센터 건물 가치 11억 달러
  테러 응징을 위한 긴급 지출 400억 달러
  재난 극복 원조 금액 111억 달러

날개를 달자!!

보도문 press release
쌍둥이 twins
폭파하다 explode
충돌하다 collide
인적 피해 human casualties
물적 피해 physical damage
긴급 emergency
테러 terror
선포하다 declare
납치하다 kidnap
무너뜨리다 destroy
전원 everyone
응징 punishment
지출 spending

1) 어떤 일이 생겼습니까?

2) 피해를 극복하기 위해 어떤 일을 했습니까?

2. 위의 내용을 참고로 기자가 되어 보도해 봅시다.

읽기

- 재난 발생 시 대책 방안에 대해 생각해 봅시다.

재난은 뜻하지 않게 생긴 불행한 일이나 사고로 인한 인명이나 재산의 피해를 말한다. 재난의 종류는 자연재해, 인적 재난, 사회적 재난으로 나눌 수 있다. 자연재해는 환경과 기후의 영향으로 발생하며 태풍을 비롯하여 홍수, 폭설, 지진 등이 있다. 다음으로 인적 재난은 인간의 실수 때문에 벌어지는 것으로 화재, 폭발, 교통사고 등이 있다. 마지막으로 사회적 재난은 국가, 민족, 종교 등의 차이 때문에 발생하는 것으로 전쟁, 테러 등이 여기에 속한다.

재난에 대처하는 방법은 크게 개인이 할 수 있는 것과 국가가 할 수 있는 것으로 나눌 수 있다. 먼저 개인이 할 수 있는 것으로는 재난이 발생할 것을 대비하여 미리 필요한 물건을 준비하는 것이다. 이것을 생존 배낭이라고 부르는데 그 안에는 보통 비상 식품, 구급 의약품, 신분증, 간단한 옷 등이 들어 있다. 재난이 발생했을 때 생존 배낭이 있으면 한 명의 사람이 보통 72시간 정도 버틸 수 있다고 한다.

다음은 국가가 할 수 있는 것으로 정부가 국민들을 대상으로 재난 발생 이후의 대처 방법을 교육하는 것이다. 이를 위해서 국가 재난 정보 센터에서는 재난을 당했을 경우 어떻게 행동해야 하는지 알려주는 '국민 행동 요령'을 자세히 제시하고 있다. 또한 공공 기관과 학교를 중심으로 일정한 기간마다 전국적으로 재난 발생 대비 훈련을 실시하여 만약에 있을 다양한 상황에 대처할 수 있도록 교육하고 있다. 정부에서는 이러한 준비와 교육을 통해서 재난 사고 발생 시 희생자를 최소화할 수 있을 것으로 기대하고 있다. 물론 우리 모두 재난에 대해서 미리 심하게 걱정하고 겁먹을 필요는 없다. 그렇지만 재난은 언제 갑자기 우리를 찾아올지 모른다. 따라서 재난이 생길 경우에 적극적으로 대비하는 자세가 필요하다.

날개를 달자!!

자연재해 natural disaster
생존 배낭 survival backpack
국가 재난 정보 센터 National Disaster Information Center
국민 행동 요령 national action tips
공공 기관 a public institution
시 in case of something

1. 위의 글을 잘 읽고 맞으면 O, 틀리면 X 하세요.

① 재난은 대처 방법에 관한 교육으로 대비할 수 있을 것이다. ( )

② 국가에서는 국민의 안전을 위해서 생존 배낭을 지원하고 있다. ( )

③ 공공 기관과 학교에서는 재난 발생 시 '국민 행동 요령'을 제시한다. ( )

2. 위의 글을 잘 읽고 아래의 표를 채우세요.

	원 인	종 류
자연재해		
인적 재난		
사회적 재난		

3. 생존 배낭을 싼다면 어떤 물품을 넣을 것인지 써 봅시다.

쓰기

- 다음의 조사를 보고 이야기해 봅시다.

1. 다음은 인명 피해에 관한 생각을 알아보기 위한 조사입니다.

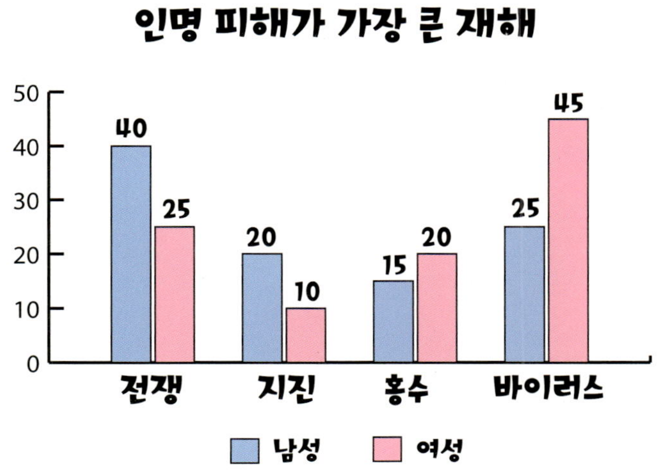

남성과 여성 각각 100명을 대상으로 인명 피해가 가장 큰 재해에 대하여 설문 조사를 실시하였다. 조사 결과 남성은 '전쟁'이 40%로 가장 높게 나타난 것에 반해 여성은 '바이러스'가 45%로 가장 높게 나타났다. 다음으로 남성은 '바이러스' 25%, '지진' 20%, '홍수' 15% 순으로 나타났고 여성은 '전쟁' 25%, '홍수' 20%, '지진' 10% 순으로 나타났다.

이를 통해 남성과 여성이 생각의 차이가 있음을 알 수 있었다. 남성은 국가에 대한 의무로 군대에 다녀왔기 때문에 전쟁의 피해와 심각성을 인식하고 있는 것을 알 수 있다. 여성은 위생에 관심이 많기 때문에 바이러스로 인한 인명 피해가 클 것이라고 예상한다는 것을 알 수 있다.

2. 여러분은 조사 결과에 동의합니까? 인명 피해가 가장 큰 재해는 무엇이라고 생각합니까? 친구들에게 조사해 보고 그래프를 그려 보세요.

3. 친구들에게 조사한 결과를 바탕으로 글을 써 봅시다.

13

이웃끼리 인사만 잘 해도 친하게 지낼 수 있어요.

- 학습목표 : 이웃과 잘 지내는 방법과 소외 계층에 대해 이야기할 수 있다.
- 기　　능 : 감정 표현하기, 설득하기
- 문　　법 : N은/는커녕, N조차, N만 A/V-아/어도, V-느니 (차라리), A-다니까(요), V-ㄴ/는다니까(요), V-기 십상이다

여러분의 주변에 있는 사람들에 대해 이야기해 보세요.

이웃에 살고 있는 사람이 누구인지 알고 있습니까?
관심과 배려가 필요한 사람은 누구일까요?
여러분의 나라에 살고 있는 외국인에 대해서 어떻게 생각하세요?

어휘와 표현

명사

이웃
이웃사촌 a good neighbour
예의 courtesy
바깥 outside
장애인 disabled person
편견 prejudice
독거노인 senior citizen who lives alone
공공시설 a public establishment

건강
냉방병 air conditioningitis
성인병 adult disease
체중 weight
신체적 physically
정신적 psychological
방충망 mosquito net

기타
드라이브 drive
벌레 bug
오케스트라 orchestra
앙코르 encore
변호사 lawyer
연주가 performing musician
증거 evidence
기본적 fundamental
불빛 beam
공모전 contest exhibit

동사
실감하다 realize
환원하다 return the profit
낭비하다 waste
독립되다 become independent
설치되다 be set up throughout

형용사
뜨끔하다 stinging

부사
무심코 carelessly
설마 no way

표현
기분 전환 diversion
암벽 등반 rock climbing
다문화 가정 a multi cultural family
소외 계층 a neglected class of people
층간 소음 Noise Complaint Issues
해결 방안 solution plan
가정환경 family background
편의 시설 accommodation
활동량 active mass
아무런 any way

눈이 높다 very picky
인심이 좋다 be generous

행동으로 옮기다 cut the cackle

더 배워 봅시다.

눈에 불을 켜다 : ① 어떤 일을 집중해서 열심히 한다
② 화가 나서 눈을 크게 뜬다
가슴이 뜨끔하다 : 나쁜 행동이나 비밀을 들켰을 때 미안함을 느낀다
하늘의 별 따기 : 아주 어려운 일이라서 하기 힘들다

예) 김단국 : 요즘 뉴스에 나쁜 소식만 나오는 게 싫어서 감동적인 소식이 없나 하고 **눈에 불을 켜고 찾아보니** 가슴이 찡한 소식이 있었어요.
애 니 : 그래요? 어떤 내용인데요?
김단국 : 길에서 힘들게 종이를 줍는 할아버지가 평생 모은 1억 원을 장학금으로 기부했다는 기사를 봤어요.
애 니 : 정말 대단한 분이네요!
김단국 : 그 뉴스를 보고 **가슴이 뜨끔했어요**. 저는 다른 사람들을 도와줘야 한다고 생각해 본 적은 있지만 실제로 행동한 적은 없거든요.
애 니 : 그렇지요. 요즘 그런 사람을 만나기는 **하늘의 별 따기지요**.

문법 1

N은/는커녕

친구와 싸웠는데 화해는커녕 미안하다는 말도 못했어요.
올해 내 생일은 시험 전날이어서 파티는커녕 밥 먹을 시간도 없다.
배우들은 사람들의 시선 때문에 음식점은커녕 마트에 가는 것도 힘들어 해요.

가 : 친구와 이번 주말에 여행을 가기로 했는데 전화는커녕 문자도 안 와요.
나 : 기다리지 말고 친구에게 먼저 연락해 보세요.

▷ A/V-기는커녕
외국어를 배운지 6개월이 지났는데 말하기는커녕 듣기도 잘 못해요.
내가 좋아하는 배우와 멀리 있어서 사인을 받기는커녕 얼굴도 제대로 못 봤어요.

문법 2

N조차

그 사람은 성격이 너무 나빠서 생각조차 하기 싫은 사람이에요.
이번 시험은 공부를 열심히 했지만 문제조차 이해할 수 없었다.
극장에서는 휴대폰 불빛조차 다른 사람에게 피해가 될 수 있다.

가 : 지구 온난화 때문에 마실 물조차 없는 지역이 늘고 있대요.
나 : 맞아요. 저도 그 기사를 봤어요.

연습해 보세요 1

눈이 높아서 결혼은 물론이고 남자 친구도 없다
가 : 스테파니 씨가 결혼했어요?
나 : 눈이 높아서 결혼은커녕 남자 친구조차 없대요.

가 : ____________________ ?
나 : ____________________ .

① 돈이 없어서 선물은 물론이고 밥도 못 먹었다
② 다리가 아파서 사진 공모전은 물론이고 학교도 못 갔다
③ ?

문법 3

N만 A/V-아/어도

방충망만 있어도 벌레가 못 들어와서 생활하기가 편할 거예요.
분리수거만 잘해도 환경을 보호하는 데 큰 도움이 돼요.
그 사람이 성격만 좋았어도 만났을 텐데…….

가 : 어제 딸이 책상만 정리하고 청소를 다 했다고 하더라고요.
나 : 아이고. 책상만 정리해도 괜찮지요.
우리 아이는 정리는커녕 제 말을 들을 생각조차 하지 않아요.

▷ A/V-기만 해도
나는 그 사람이 웃기만 해도 기분이 좋아진다.
침대 위에 있는 옷을 옷장에 걸기만 해도 내 방은 깨끗해질 거예요.

문법 4

V-느니 (차라리)

그 사람과 결혼하느니 평생 혼자 살겠다.
친구에게 물어보느니 차라리 사전을 찾아보는 게 더 빠르겠다.
연휴에 집에 있느니 가까운 공원에 가서 산책하는 게 더 좋을거야!

가 : 배가 고픈데 뭐 먹을 게 없나?
나 : 조금만 기다려봐. 내가 만들어 줄게. 아마 30분 쯤 걸릴 거야.
가 : 30분이나 기다리느니 차라리 편의점에 가는 게 낫겠어.

연습해 보세요 2

하루에 한 시간씩 걸으면 살이 빠진다
가 : 하루에 한 시간씩만 걸어도 살이 빠진대요.
나 : 매일 한 시간씩이나 걷느니 차라리 뚱뚱한게 낫겠어요.
가 : .
나 : .

① 드라이브를 하면 기분 전환을 할 수 있다
② 쓴 물건을 바로 정리하면 대청소를 할 필요가 없다
③ ?

문법 5

A-다니까(요), V-ㄴ/는다니까(요)

가 : DK 그룹의 회장님이 자신의 재산 중 50%를 사회에 환원한대요.

나 : 에이. 설마요.

가 : 정말 환원한다니까요.

▷ N(이)라니까요

가 : 그 사람이 정말 변호사예요?

나 : 변호사라니까요.

연습해 보세요 3

점심에 불고기를 먹으려고 한다

가 : 점심에 불고기를 먹읍시다. 아주 맛있어요.

나 : 정말 맛있어요?

가 : 맛있다니까요.

가 : ______________________________.

나 : ______________________________?

가 : ______________________________.

① 방학에 암벽 등반을 하려고 한다

② 친구와 '귀신의 집'에 가려고 한다

③ ?

문법 6

V-기 십상이다

미리 장마에 대비하지 않으면 피해를 입기 십상이다.
밤에 늦게 자면 수업시간에 졸기 십상이니까 일찍 자야 해.
욕심을 부려서 음식을 많이 담으면 쏟기 십상이니까 조금씩 담으세요.

가 : 덥다고 매일 에어컨 바람을 쐬면 냉방병에 걸리기 십상이니까 조심해.
나 : 그래도 더우면 에어컨을 켤 수 밖에 없어.

연습해 보세요 4

여행을 할 때 계획을 세워야 한다

가 : 여행을 할 때 계획을 세우지 않으면 돈을 낭비하기 십상이야.
나 : 그래. 계획을 세워야겠다.

가 : ______________________________.
나 : ______________________________.

① 길을 걸을 때 휴대폰을 보지 말아야 한다
② 하늘에 별이 안 보일 때 우산을 준비해야 한다
③ ?

연습해 보세요 5

N은/는커녕	N조차	N만 A/V-아/어도
V-느니 (차라리)	A-다니까(요), V-ㄴ/는다니까(요)	V-기 십상이다

가 : 요즘 혼자 살다가 돌아가시는 독거노인들의 이야기가 뉴스에 자주 나오는 것 같아요.

나 : 그래요? 저는 잘 모르겠는데…….

가 : 생활비가 없어서 (병원비) ________________ 밥 먹을 돈도 없었다고 해요. 주변 사람들이 (관심을 가지다) ________________ 그런 상황이 생기지 않았을 텐데…….

나 : 맞아요. 요즘 사람들은 독거노인에 대해서 (생각) ________________ 하지 않는 것 같아요. 그럼 그 분들이 돌아가신 후에는 어떻게 된대요?

가 : 자세히 기억은 안 나요. 밥을 먹으면서 본 뉴스라 집중할 수 없었거든요.

나 : 아이고! 이렇게 (듣다) ________________ 신문 기사를 보는 게 낫겠어요.

가 :어쨌든 앞으로는 이런 일이 생기지 않도록 주변 사람에게 신경을 써야겠어요. 주변을 잘 살피지 않으면 (지나치다) ________________

나 : 알았어요.

가 : 알았다고 대답만 하지 말고 행동으로 옮겨요.

나 : (알았다) ________________

본문

- 이웃과 정원을 같이 사용할 수 있는 집은 어떤가요?

리　에 : 크리스 씨, 집이 참 좋네요!

크리스 : 고마워요.

리　에 : '땅콩집'에 살아 보니 어때요?

크리스 : 좋아요. 전에는 이웃들과 인사는커녕 얼굴조차 몰랐어요. 그러니까 옆집에 누가 사는지 어떤 상황인지조차 알 수 없었지요. 그런데 이곳은 정말 좋아요. 공기도 맑은 데다가 옆집에 사는 사람이랑 친해져서 더 좋아요. 정말 이웃사촌이라는 말이 뭔지 실감하면서 살고 있어요.

리　에 : 그렇군요! 저도 이런 곳으로 이사하고 싶은데…….

크리스 : 정말 추천할 만한 집이에요. 저도 '땅콩집'이 이렇게 좋을 줄 몰랐어요. '땅콩집'은 작지만 각자의 공간이 독립되어 있고 정원은 옆집과 같이 사용할 수 있도록 지어진 집이기 때문에 친하게 지낼 수 있거든요.

리　에 : 아. 정말 좋네요! 그런데 '땅콩집'의 단점은 없어요?

크리스 : 피아노 소리 같은 약간의 소음이 들리기는 해요. 그래도 아파트보다는 조용해요.

리　에 : 저는 단독주택이 한 가구만 살아서 더 좋을 거라고 생각했는데 크리스 씨 집에 와 보니까 '땅콩집'도 좋네요! 돈만 있어도 이사올 수 있을 텐데 지금은 돈이 없어요.

크리스 : 생각보다 비싸지 않아요. 서울에서 전세로 사느니 차라리 여기 와서 '땅콩집'을 장만하는 게 훨씬 낫다고 생각해요.

리　에 : 그래요? 그럼 진지하게 생각해 봐야겠네요!

크리스 : 정말 좋다니까요. 제 말 한번 믿어 보세요.

1. '땅콩집'의 장점과 단점은 무엇입니까?

2. '땅콩집'과 단독주택은 어떻게 다릅니까?

3. 여러분이 알고 있는 집의 형태 중 살고 싶은 집은 어떤 곳입니까?

날개를 달자!!

땅콩집 Duplex House	가구 household
전세 jeonse (lease)	장만하다 buy

듣기

1. 맞으면 O, 틀리면 X 하세요.

① 공연의 연습 기간은 세 달이다. ( )

② 아이들은 모두 모자를 쓰고 협주를 했다. ( )

③ 아이들에게 음악을 가르쳤지만 오케스트라 공연은 못했다. ( )

2. 앙코르 공연 기간은 언제부터 언제까지입니까?

3. 김단국 씨가 감격을 한 이유는 무엇입니까?

4. 자신이 할 수 있는 것을 다른 사람들과 나누는 것을 '재능 기부'라고 합니다. '재능 기부'에는 어떤 것들이 있을까요?

날개를 달자!!

협주 sinfonia concertante	비올라 viola
재능 talent	마음을 닫다 close one's mind
마음을 열다 open one's mind	

이야기해 보세요

1. 여러분은 이웃과 어떻게 지내고 있습니까?

애 니 : 토린 씨는 앞집에 누가 사는지 아세요?
토 린 : 글쎄요. 서로 바쁘니까 누가 사는지 신경조차 쓴 적이 없어요.
애 니 : 저도 그랬는데 얼마 전에 이웃에게 도움을 받은 후부터는 신경을 쓰고 있어요.
토 린 : 무슨 일이 있었는데요?
애 니 : 집 열쇠를 잃어버려서 열쇠 가게 아저씨를 기다리고 있었는데 앞집 아주머니께서 나오시다가 저를 보시고 안에 들어와서 기다리라고 하셨어요.
토 린 : 정말 인심이 좋은 아주머니시군요.

1) 여러분은 이웃에 누가 살고 있는지 알고 있습니까?

2) 이웃에게 도움을 받거나 도와준 적이 있습니까?

친구 이름	도움을 받은 일	도움을 준 일
애니	앞집에 들어가서 열쇠 가게 아저씨를 기다릴 수 있었다	

2. 여러분의 주변에는 관심과 배려가 필요한 소외 계층의 사람들이 많습니다. 이런 사람들과 더불어 살아가기 위해서 어떤 도움을 줄 수 있을까요?

소외 계층	할 수 있는 일
독거노인	
장애인	
고아	

읽기

- 장애인을 바라보는 시선에 대해 생각해 본 적이 있습니까?

4월 20일은 '장애인의 날'이다. 하지만 장애인의 날을 알고 있는 사람은 그리 많지 않다. 이것은 장애인에 대한 관심이 별로 없다는 증거일 것이다. 장애인은 태어날 때부터 장애를 갖고 태어나는 선천적 장애인과 질병이나 사고에 의해 장애를 갖게 된 후천적 장애인으로 나눌 수 있다. 요즘은 이들을 위한 편의 시설이 생기고 장애인의 처우가 개선되고 있지만 아직도 사회생활을 하기는 쉽지 않다. 그 이유는 무엇일까?

가장 큰 문제는 장애인을 바라보는 시선이다. 단지 신체적인 불편함이 있을 뿐인데 사람들이 다르다고 생각하며 바라보는 차가운 시선이 그들을 정신적으로 더욱 힘들게 하는 것이다.

두 번째 문제는 장애인을 배려하지 않는 공공시설이다. 보통 사람들이 무심코 지나치는 인도나 계단 등은 휠체어를 탄 사람에게 높은 담처럼 느껴진다. 뿐만 아니라 시각장애인을 위해 설치된 점자 보도 블록조차 잘못되어 있거나 중간 중간 끊어져 있기가 일쑤이다. 이런 이유로 밖에 나가서 고생하느니 차라리 집 안에서 생활하겠다는 장애인도 많다.

세 번째 문제는 바깥 활동이 어려운 장애인들의 활동량이 부족해지면서 생기는 여러 가지 질병이다. 체중이 늘면서 여러 가지 성인병이 생길 수 있고 스트레스가 심해져서 우울증이 나타나기도 한다.

위와 같은 문제를 해결하기 위해 우리가 할 수 있는 것은 무엇일까?

장애가 없는 95명이 사는 세상에 5명의 장애인을 위한 시설이 필요한 것이 아니라 100명이 사는 세상에서 모두가 편견 없이 함께 살 수 있도록 배려하는 것이 중요하다.

날개를 달자!!

선천적 naturally	후천적 acquired
처우 treatment	개선 improve
인도 sidewalk	휠체어 wheelchair
담 build a wall	점자 보도 블록 studded paving block
시각장애 visual impairment	중간 middle
청각장애 hearing impairment	지체장애 physical disabilities
언어장애 speech disorder	안면신경장애 facial nerve disorders

1. 글의 내용과 같으면 O, 다르면 X 하세요.

① 장애인을 위한 편의 시설이 점점 늘고 있다. (　　)

② 장애인은 바깥 활동이 어렵기 때문에 여러 질병이 생긴다. (　　)

③ 장애인이 사회생활을 하는 데에 아무런 지장이 없다. (　　)

2. 장애인이 사회생활을 하기 힘든 이유는 무엇입니까?

3. 여러분이 장애를 가지고 있다면 어떤 점이 가장 힘들 것 같습니까?

장애	증상	불편한 점
시각장애		
청각장애		
지체장애		
언어장애		
안면신경장애		

쓰기

- 생활에서 이웃과 문제가 생겼을 경우에 어떻게 해결해야 할까요?

1. 이웃 간에 생기는 문제들에 대한 해결 방안이 무엇인지 생각해 봅시다.

(딩동 딩동 딩동…….)

애 니 : 누구세요?

토 린 : 아랫집에 살고 있는 사람입니다.

애 니 : 네. 그런데 무슨 일이지요?

토 린 : 지금 몇 시인데 아직도 피아노를 치고 있는 거예요?

애 니 : 우리 집에 있는 피아노인데 내 마음대로 칠 수 없다는 거예요?

토 린 : 밤늦은 시간에 조용히 지내는 것은 기본적인 예의 아닌가요?

애 니 : 피아노를 계속 친 것도 아니고 치기 시작한 지 10분도 안 되었는데…….

문제	해결 방안
층간 소음	
쓰레기	
주차	

2. 이웃 간에 생기는 문제를 해결하기 위한 공고문을 써 봅시다.

14

도시에서는 신호가 바뀌기가 무섭게 자동차가 달려와요.

- 학습목표 : 도시와 근교 생활의 장점과 단점 이야기할 수 있다.
- 기　　능 : 비교하기, 설명하기
- 문　　법 : N(으)로 인해(서)/인한, A/V-(으)ㄹ 수밖에 없다, N에, A/V-(으)ㄹ 따름이다, V-기가 무섭게, V-아/어 대다

여러분이 느끼는 도시에 대해서 이야기해 보세요.

현재 여러분이 살고 있는 곳은 어디인가요?
여러분은 도시와 근교 중 어디에서 살고 싶은가요?
여러분이 생각하는 살기 좋은 곳은 어디인가요?

어휘와 표현

명사

교외 생활

근교 suburb
비닐하우스 vinyl greenhouse
주말농장 weekend farm
농약 pesticides
농촌 farm village
동네 village
빈집 vacant house

도시 생활

소득 income
수준 standard
민원 civil complaint
경비실 security office
하수도 sewerage
격차 gap
경비원 janitor
공업 industry

기타

발레 ballet
미래형 future
현수막 banner
심정 one's heart
감회 sentiments
우박 hail
수석 top
결함 flaw
운항 flight
에베레스트산 Everest
고산병 altitude
검사 public prosecutor
법적 legal
쓰나미 tsunami

동사

조르다 pester
으르렁거리다 growl
출동하다 mobilize
삼가다 abstain
해소하다 relieve
심문하다 interrogate
정전되다 power cut
전념하다 concentrate
진정되다 calm down
중단되다 cease
무너지다 collapse
대피하다 take shelter
고통받다 suffer
차지하다 capture

형용사

민망하다 embarrassed
습하다 damp
침착하다 calm
쓸데없다 unnecessary

부사

힐끔힐끔 glance
억지로 constrainedly
가까이 nearby

표현

성형 수술 plastic surgery
기상이변 extreme weather
미세 먼지 fine dust
일손이 부족하다 be short of hands
경적을 울리다 blow one's horn / hoot

더 배워 봅시다.

낯이 뜨겁다 : ① 매우 부끄럽다
② 보기에 민망하다

얼굴이 두껍다 : 부끄러움을 모른다

가는 말이 고와야 오는 말이 곱다 : 다른 사람에게 좋은 말을 해야 상대방도 나에게 좋은 말을 한다

○ **울며 겨자 먹기 :** 하고 싶지 않은 일을 억지로 한다

예) 리우팅 : 요즘은 아파트에서 **낯이 뜨거운** 일이 많이 생기는 것 같아요.
김단국 : 그러게요. 시끄럽다며 위층과 아래층에 사는 사람들이 싸우기가 일쑤잖아요. **가는 말이 고와야 오는 말도 고운 것인데** 사람들이 서로 말을 심하게 해서 싸움이 더 커지는 것 같아요. 아이들도 있는데 말이지요.
리우팅 : **얼굴이 두꺼운** 학생도 많아요. 어른들이 뭐라고 해도 말도 안 듣고 심지어는 어른 앞에서 담배를 피우는 학생도 있고요.
김단국 : 정말 그런 것 같아요. 또 애완동물 문제도 있잖아요. 키우는 건 좋은데 배설물을 치우지 않는 사람도 있더라고요. 저는 아이를 키우고 있는데 아이가 밟을까봐 **울며 겨자 먹기**로 보일 때마다 치우고 있어요.

문법 1

N(으)로 인해(서)/인한

학생들이 식중독으로 인해서 입원을 했다.
쓰나미로 인해 그 마을 사람들이 모두 대피했어요.
성형 수술로 인한 부작용 때문에 고통받는 사람들이 늘고 있다.

가 : 어제 비가 많이 왔지요?
나 : 네. 어제 내린 폭우로 인해서 교통이 통제된 곳이 많더라고요.
가 : 요즘 기상이변 탓에 폭우나 폭설 같은 재해가 늘어서 걱정이에요.

문법 2

A/V-(으)ㄹ 수밖에 없다

소금을 안 넣었으니까 싱거울 수밖에 없지.
요즘엔 너무 습하고 더워서 에어컨을 켤 수밖에 없어요.
부모님의 꿈을 이루기 위해 발레를 배울 수밖에 없었어요.

가 : 사장님. 저희가 시킨 메뉴를 바꿀 수 있을까요?
나 : 이미 주문이 들어가서 바꿀 수 없는데 어쩌지요?
가 : 그럼 먹을 수밖에 없겠네요.

연습해 보세요 1

태풍이 심하게 불더니 정전이 되었다
가 : 정전이 되었다면서요?
나 : 심한 태풍으로 인해서 정전이 될 수밖에 없었대요.

가 : ______________________________?
나 : ______________________________.

① 에베레스트산을 등반하다가 산소가 부족해서 고산병이 생겼다
② 비행기에 결함이 생겨서 운항이 중단되었다
③ ?

문법 3

N에

지난밤 내린 우박에 비닐하우스가 다 무너졌습니다.
옆방에서 나는 시끄러운 음악 소리에 잠이 깼어요.
부모님의 응원에 긴장되었던 마음이 진정되어서 침착하게 경기에 전념할 수 있었어요.

가 : 어제 뉴스 봤어요? 또 지진이 났다고 하던데…….
나 : 네. 봤어요. 이번 지진에 큰 피해를 입은 사람들이 많더라고요.
그 사람들을 도울 방법이 있는지 찾아봐야겠어요.

문법 4

A/V-(으)ㄹ 따름이다

저를 볼 때마다 예쁘다고 해 주셔서 감사할 따름이에요.

도와주고 싶지만 도와줄 수 없어서 안타까울 따름이에요.

이번에도 리우팅 씨가 수석을 차지해서 저는 부러울 따름입니다.

가 : 동생이 아직도 집에 안 들어왔어요.

나 : 다 큰 어른인데 뭘 걱정해요.

가 : 요즘 무서운 사고가 많아서 걱정이 될 따름이에요.

연습해 보세요 2

대학교 합격 소식을 듣고 기뻤다고 소감을 말했다

가 : 소감이 어떠십니까?

나 : 대학교 합격 소식에 기쁠 따름입니다.

가 : ____________________ ?

나 : ____________________ .

① 가족의 사고 소식을 듣고 걱정만 한다고 심정을 밝혔다

② 사람들의 후원을 받아서 고맙다고 감회를 밝혔다

③ ?

문법 5

V-기가 무섭게

문을 나서기가 무섭게 미세 먼지 때문에 마스크를 썼어요.
그 검사는 범인을 만나기가 무섭게 심문했다.
친구는 생일 선물이 궁금하다면서 선물을 받기가 무섭게 풀어 봤다.

가 : 남편은 어디에 가고 혼자 왔어요?
나 : 배가 아프다면서 도착하기가 무섭게 화장실에 갔어요.

연습해 보세요 3

장마가 끝나자 모기들이 많아졌다
가 : 왜 모기가 많아졌을까요?
나 : 장마가 끝나기가 무섭게 날씨가 더워져서 그래요.

가 : ______________________________?
나 : ______________________________.

① 배우가 손을 흔들자 사람들이 소리를 지른다
② 룸메이트가 침대에 눕자 시끄러워졌다
③ ?

문법 6

V-아/어 대다

내 친구는 스트레스를 받으면 이것저것 먹어 대요.

지하철역에서 사람들이 떠들어 대서 안내 방송을 못 들었어요.

기분이 나쁠 때마다 물건을 사 대서 쓸데없는 물건이 많아요.

가 : 아이에게 장난감을 또 사 줬어?

나 : 마트에서 하도 졸라 대는 바람에 어쩔 수 없었어요.

연습해 보세요 4

사람들이 담배를 피워서 창문을 닫았다

가 : 왜 창문을 닫았어요?

나 : 집 앞에서 사람들이 담배를 피워 대는 바람에 열 수가 없어요.

가 : ______________________________ ?

나 : ______________________________ .

① 사람들이 쓰레기를 버려서 거리가 더럽다

② 위층의 아이들이 소리를 질러서 시끄럽다

③ ?

연습해 보세요 5

N(으)로 인해(서)/인한	A/V-(으)ㄹ 수밖에 없다	N에
A/V-(으)ㄹ 따름이다	V-기가 무섭게	V-아/어 대다

우리 아파트 입구에는 '함부로 (버리다) ________________ 담배꽁초와 쓰레기는 그만!'이라는 현수막이 보입니다. 요즘 아파트 주민들 사이에 담배꽁초와 쓰레기 (문제) ________________ 다툼이 많아졌고 (만나다) ________________ 으르렁거리며 싸우다가 경찰이 출동하는 일까지 생겼습니다. 하지만 주민들의 싸움에 법적인 해결 방법이 없기 때문에 경찰은 주민들이 스스로 (해결하다) ________________ 고 이야기합니다.

아파트 경비원 역시 주민들 (다툼) ________________ (곤란하다) ________________ 말합니다. 살기 좋은 아파트를 만들기 위해서는 서로 양보하고 배려하는 마음을 가져야 합니다.

본문

리 에 : 왜 이렇게 전화를 안 받아? 벌써 5번이나 했는데…….

토 린 : 화장실에 있었어. 무슨 일인데?

리 에 : 무서워서 그랬어.

토 린 : 무섭다니? 갑자기 무슨 말이야.

리 에 : 아까 처음 보는 아저씨와 엘리베이터를 같이 탔거든. 그런데 그 아저씨가 아무 버튼도 누르지 않는 거야.

토 린 : 그럼 네가 먼저 몇 층에 가는지 물어보지 그랬어.

리 에 : 물어봤지. 그런데 그 아저씨가 질문에 대답도 안 하는 거야.

토 린 : 그래서 어떻게 했는데?

리 에 : 14층까지 올라오면서 혹시나 하는 생각에 중간에 내리고 싶었지만 그럴 수도 없고 정말 어떻게 해야 할지 모르겠더라고. 그런데 엘리베이터 문이 열리기가 무섭게 나보다 먼저 내려서 앞집으로 들어가시는 거야.

토 린 : 사실은 나도 며칠 전에 비슷한 일이 있었어.

리 에 : 무슨 일이 있었는데?

토 린 : 며칠 전에 엘리베이터에 어떤 할머니랑 같이 탄 적이 있었어. 할머니가 먼저 누른 층이 나랑 같아서 음악을 들으면서 서 있었는데 할머니가 나를 힐끔힐끔 쳐다보시는 거야. 그리고 엘리베이터 문이 열리기가 무섭게 빠른 걸음으로 내리시더라고.
지금 네 말을 듣고 보니 그 할머니도 나를 오해했던 것 같아.

1. 리에 씨는 토린 씨에게 왜 전화를 했습니까?

2. 아저씨와 토린 씨는 왜 오해를 받았습니까?

3. 여러분이 이런 상황이라면 어떻게 하겠습니까?

듣기

1. 맞으면 O, 틀리면 X 하세요.

① 밤에도 세탁기를 사용할 수 있다. ( )

② 아파트 계단에서 담배를 피울 수 있다. ( )

③ 저녁 8시가 지나면 큰 소리가 나는 행동을 조심해야 한다. ( )

2. 아파트 생활에서 주의할 점은 무엇입니까?

3. 여러분은 이웃 때문에 피해를 받은 적이 있습니까?

이야기해 보세요

1. 여러분의 고향은 도시와 근교 중 어느 곳입니까? 도시와 근교 생활의 장・단점은 무엇일까요?

아내 : 이러다 회사에 늦을 것 같은데…….

남편 : 출퇴근 시간에는 차가 막힌다고 하지만 오늘은 너무 오래 걸리는 것 같네요!

아내 : 그러니까 여보. 우리 서울로 이사할까요? 서울에서 살면 출퇴근하기도 편하고 생활도 편리하잖아요.

남편 : 하지만 서울은 복잡하고 시끄러울 뿐만 아니라 집값도 너무 비싸니까 고민될 따름이에요.

아내 : 경제적으로 부담이 되기는 하지만 우리가 아끼면서 살면 괜찮지 않을까요?

남편 : 나는 지금 우리가 사는 동네도 출퇴근 문제만 아니면 괜찮은데…….

	장점	단점
도시	출퇴근이 편하다 생활이 편리하다	복잡하다 시끄럽다 집값이 비싸다
근교		

2. 여러분은 도시와 근교 중 어디에 살고 싶습니까? 그 이유는 무엇입니까?

친구 이름	살고 싶은 곳	이 유

읽기

- '주말농장'을 아십니까?

요즘 '주말농장'에 시간을 투자하는 사람들이 늘고 있다. '주말농장'이란 주말을 이용하여 채소 등을 가꾸는 도시 근교의 농장으로 도시 사람들이 시골까지 가지 않고도 농사를 체험할 수 있는 곳이다. 도시 사람들이 피곤한데도 불구하고 '주말농장'을 찾아가는 이유는 무엇일까? 그 이유는 자연과 가까이 하고 싶고 가족들과 함께 시간을 보내고 싶기 때문이다.

보통 부모들은 회사 생활과 집안일로 인해서 힘들고 지치며 아이들은 공부 때문에 스트레스를 받는다. 가족끼리 대화도 없어져서 주말에 같이 집에 있어도 각자의 생활만 할 따름이다. 하지만 '주말농장'에 가면 자연 속에서 가족과 시간을 보낼 수 있고 스트레스도 해소할 수 있다.

그러면 '주말농장'에서는 무엇을 할까?

'주말농장'에서는 상추나 당근, 배추 등 여러 가지 채소에 농약을 뿌리지 않고 직접 길러서 먹을 수 있다. 그리고 채소를 싫어하는 아이들은 자기가 기른 채소를 먹으면서 좋은 식습관을 기를 수 있다. 그래서 '주말농장'을 이용하는 사람들은 쉬는 날이 되기가 무섭게 가족과 함께 '주말농장'에 간다.

'주말농장'은 한국에만 있는 것이 아니다. 아일랜드에서는 스스로 기른 채소를 먹는 모임이 있으며 일본의 오사카 지역에서도 옥상에 텃밭을 설치한 미래형 주택이 인기라고 한다. 이렇게 사람들은 자연과 가까이 하며 건강한 음식을 먹고 건강한 생활을 하기 위해서 노력하고 있다.

날개를 달자!!

투자하다 invest
가꾸다 cultivate
식습관 eating habits
오사카 Osaka
텃밭 vegetable garden
상추 lettuce
시골 countryside
아일랜드 Ireland
옥상 rooftop

1. 사람들이 '주말농장'을 찾는 이유는 무엇입니까?

2. 위의 내용과 다른 것은 무엇입니까?

① '주말농장'은 보통 도시 근교에 있다.

② '주말농장'에 가면 스트레스를 풀 수 있다.

③ '주말농장'은 농촌에 가서 채소를 사는 것이다.

④ '주말농장'에서는 여러 가지 채소들을 기를 수 있다.

3. '주말농장'에 가지 않고 자연과 접할 수 있는 방법은 무엇일까요?

쓰기

- 도시가 발전하면서 어떤 일이 생길까요?

1. 사람들이 도시로 몰리는 이유와 그로 인해 생기는 문제점은 무엇일까요?

크리스 : 도시를 중심으로 공업이 발달하면서 사람들이 도시로만 몰리는 바람에 시골은 농사를 지을 일손이 부족한 데다가 빈집까지 늘고 있대.

리　에 : 나도 들었어. 사람들이 도시로 나오면 소득 수준은 높아질 수 있겠지만 지역마다 인구 격차가 심해져서 문제가 생길 것 같아.

▼

친구 이름	원인	문제점
크리스	도시를 중심으로 공업이 발달했다	시골은 일손이 부족하고 빈집이 많아졌다

2. 위의 이야기를 바탕으로 문제의 해결 방안에 대해 써 보세요.

memo*

15

아나운서든지 회사원이든지 적성에 맞는 직업을 찾아봐요.

- 학습목표 : 진로와 전공에 대해 이야기할 수 있다.
- 기　　능 : 조언하기, 희망 표현하기
- 문　　법 : A/V-든지 A/V-든지, V-기 나름이다, A/V-(으)므로, V-고(야) 말겠다, V-는 한편, A/V-(으)ㄴ/는 법이다

무슨 일을 하고 싶은지 이야기해 봅시다.

여러분은 어떤 일을 하면서 살고 싶어요?
직업을 선택할 때 중요하게 생각하는 것이 있나요?
하고 싶은 일을 위해서 어떤 준비를 해야 할까요?

어휘와 표현

명사

취업

업무 work
해결사 solver
진로 course
잠복근무 stakeout
은퇴 retire
승무원 flight attendant

기타

전공 major
장르 genre
뜨개질 knitting
십자수 cross-stitch
법규 regulations
마감 closing
팬클럽 fan club
커버 cover
취득 acquisition
음치 tone deaf
인테리어 interior
케사디아 Quesadilla
부리토 Burrito
숨결 breath

동사

변경되다 be revise
관련되다 be connected
일치하다 correspond
위반하다 violate
책임지다 take responsibility for
꾸미다 decorate

형용사

우수하다 transcend
두껍다 heavy

표현

경영학과 business administration
화학과 chemistry department
경제학과 economics department
전문 지식 expertise
북촌 한옥 마을 Bukchon Hanok village
안동 하회 마을 Andong Hahoe village
듣기 평가 listening assessment
한식 조리사 자격증 cook license in Korean cuisine
인재상 right people
성장 배경 background of growth
장래 희망 future hope
관람 불가 x-rated
탑을 쌓다 erect a tower
상장을 수여하다 awarded a certificate of merit
신기록을 세우다 to set a new record

더 배워 봅시다.

입이 무겁다(↔입이 가볍다) : ① 비밀을 잘 지킨다
② 말을 신중하게 한다

말이 씨가 된다 : ① 말하던 것이 사실이 된다
② 말조심을 해라

예) 리 우 팅 : 리에 씨가 요즘 기분이 안 좋아 보이던데 무슨 일 있대요?
크 리 스 : 남자 친구랑 헤어졌대요.
리 우 팅 : 그렇게 헤어질 거라는 말을 자주 하더니 결국 헤어졌군요!
크 리 스 : 그러게 말이에요. **말이 씨가 됐어요**.
리 우 팅 : 참, 크리스 씨. 이 일은 비밀이니까 리에 씨가 말하기 전까지는 말하지 마세요.
크 리 스 : 걱정하지 마세요. 나는 **입이 무거운** 사람이니까요.

문법 1

A/V-든지 A/V-든지

같이 볼 친구가 있든지 없든지 보고 싶은 영화는 꼭 봐요.
크리스 씨는 날씨가 춥든지 덥든지 차가운 물로 샤워를 해요.
리에 씨는 음치지만 친구들이 웃든지 말든지 노래를 끝까지 불러요.

가 : 리에 씨는 키가 큰 사람이 좋아요?
나 : 저는 키가 크든지 작든지 상관없고 성격만 좋으면 돼요.

▷ N(이)든지 N(이)든지

케사디아든지 부리토든지 멕시코 음식은 다 좋아해요.
북촌 한옥 마을이든지 안동 하회 마을이든지 한국의 옛 숨결을 느낄 수 있는 곳으로 갑시다.

연습해 보세요 1

월급에 관계없이 적성에 맞는 일을 하고 싶다
가 : 무슨 일을 하고 싶어요?
나 : 월급이 많든지 적든지 적성에 맞는 일을 하고 싶어요.

가 : ______________________________ ?
나 : ______________________________ .

① 장르에 관계없이 재미있는 영화를 보고 싶다
② 가격에 상관없이 맛있는 음식을 먹고 싶다
③ ?

문법 2

V-기 나름이다

행복과 불행은 생각하기 나름이에요.
축제에서 무엇을 할지는 결정하기 나름이에요.
성공하고 실패하는 것은 노력하기 나름이니까 열심히 해 보세요.

가 : 이 옷을 입으니까 뚱뚱해 보이지 않아요? 살이 찐 건 아닌데…….
나 : 옷은 입기 나름이지요. 그렇게 두꺼운 코트를 입으면 뚱뚱해 보여요.

연습해 보세요 2

뜨개질 하기가 어렵다
가 : 뜨개질 하기가 어렵지요?
나 : 연습하기 나름이에요.

가 : ____________________?
나 : ____________________.

① 용돈이 부족하다
② 고향이 가깝다
③ ?

문법 3

A/V-(으)므로

위 사람은 성적이 우수하므로 이 상장을 수여합니다.
교통 법규를 위반했으므로 일 년 동안 운전을 할 수 없습니다.
은행 업무 마감 시간이 4시 30분에서 4시로 변경되었으므로 주의하시기 바랍니다.

가 : 액션 영화를 보고 싶은데 자리가 있나요?
나 : 신분증을 보여주시겠어요? 이 영화는 청소년 관람 불가이므로 19세 미만은 관람할 수 없습니다.

▷ N이므로
기숙사는 여러 사람이 함께 사용하는 장소이므로 깨끗하게 사용해야 합니다.
오늘 진행되는 시험은 듣기 평가이므로 9시부터 10시까지 경적을 울리지 마시기 바랍니다.

문법 4

V-고(야) 말겠다

잠복근무를 해서라도 범인을 꼭 잡고야 말겠어!
올 여름에는 요리 학원에 다녀서 꼭 한식 조리사 자격증을 따고 말겠어요.
지난 방학에 유럽 여행을 못 갔으니까 이번 방학에는 꼭 가고야 말겠어요.

가 : 저는 승무원이 되고 싶어서 면접을 여러 번 봤는데 모두 떨어졌어요.
나 : 리에 씨는 키도 크고 책임감도 있으니까 다시 도전해 보세요.
가 : 고마워요. 이번에는 더 열심히 준비해서 꼭 합격하고 말겠어요.

연습해 보세요 3

이번 경기에서 신기록을 세우고 싶다
가 : 이번 경기에서 금메달을 딸 수 있어요?
나 : 은퇴 전 마지막 경기이므로 최선을 다해 신기록을 세우고 말겠습니다.

가 : ______________________________?
나 : ______________________________.

① DK그룹 팬클럽의 회장이 되고 싶다
② 십자수로 쿠션 커버를 만들고 싶다
③ ?

문법 5

V–는 한편

크리스 씨는 아픈 룸메이트를 병원으로 옮기는 한편 선생님께도 알렸어요.
사고가 나자 경찰에 신고하는 한편 다친 사람들을 돌봐 주었어요.
무슨 일이든지 성공하기 위해서는 관심을 많이 가지는 한편 노력도 많이 해야 해요.

가 : 애니 씨가 좋은 학교에 입학했다고 들었는데 비결이 뭐래요?
나 : 학교 공부를 열심히 하는 한편 자원봉사, 자격증 취득 등 다양한 노력을 했대요.

문법 6

A/V-(으)ㄴ/는 법이다

어른이 되면 책임질 일도 많은 법이다.
마음이 즐거워야 하는 일도 잘되는 법이에요.
무슨 일이든지 서두르면 실수하는 법이니까 서두르지 마세요.

가 : 어제 내 딸이 내가 자주 하는 말을 해서 놀랐어요.
나 : 그랬군요. 아이들 앞에서는 말을 조심해야 해요.
아이들은 부모가 하는 말을 그대로 배우는 법이니까요.

연습해 보세요 4

단어를 소리 내서 읽고 자주 사용하면 기억에 오래 남는다
가 : 단어를 잘 외우려면 어떻게 해야 합니까?
나 : 새 단어를 소리 내서 읽는 한편 자주 사용하면 기억에 오래 남는 법이에요.

가 : ______________________________ ?
나 : ______________________________ .

① 운동을 하고 조금 먹으면 예쁜 몸매를 유지할 수 있다
② 구체적인 계획을 세우고 실천하면 성공할 수 있다
③ ?

연습해 보세요 5

A/V-든지 A/V-든지	V-기 나름이다	A/V-(으)므로
V-고(야) 말겠다	V-는 한편	A/V-(으)ㄴ/는 법이다

가 : 아직도 전공을 선택하지 못 했어요?

나 : 네. 아직요. 경영학과에도 관심이 있고 화학과에도 관심이 있어서요. 전공을 선택하기 위해 정보를 (찾다) ________ 사람들에게 조언을 구하느라 아직 결정을 못 했어요.

가 : 경제학과를 (선택하다) ________ 화학과를 (선택하다) ________ 공부할 때 즐거운 것을 선택하는 것이 좋아요.

나 : 저도 그렇게 생각은 하지만…….

가 : 너무 고민하지 마세요. 생각을 너무 많이 하면 오히려 머리가 (아프다) ________

나 : 네. 아직 시간이 남아 있으니까 조금만 더 알아보려고요.

가 : 그렇게 하세요. 4년 동안 공부해야 하고 또 졸업하고 나서도 전공과 관련된 일을 하는 경우가 많으니까요.

나 : 전공을 선택하면 마음대로 바꾸기가 (어렵다) ________ 나중에 후회하지 않도록 신중하게 (결정하다) ________

가 : 무슨 과를 가든지 성공은 본인이 (노력하다) ________

날개를 달자!!

나중 later　　본인 personally

본문

- 직업을 통해서 무엇을 얻을 수 있습니까?

사회자 : 시청자 여러분 안녕하세요? 오늘은 직업 상담사 김단국 선생님을 모시고 직업의 의미에 대해서 이야기를 나누어 보도록 하겠습니다. 김단국 선생님 안녕하세요?

김단국 : 안녕하세요? 오늘은 직업의 중요성에 대해서 이야기해 보겠습니다.

사회자 : 요즘 대학생들은 월급이 많은 회사원이나 안정적인 공무원을 선호하는 편인데요. 선생님은 어떻게 생각하시는지요?

김단국 : 회사원이든지 공무원이든지 직업을 가진다는 것은 아주 중요합니다. 결국 직업이란 꿈을 이루는 과정이라고 할 수 있습니다.

사회자 : 그럼 직업의 의미는 무엇이라고 생각하십니까?

김단국 : 직업을 통해서 우리는 몇 가지 부분에서 그 의미를 발견할 수 있습니다. 먼저 일할 때 성취감을 얻는 한편 만족감과 자신감을 느낄 수 있어야 합니다.

사회자 : 그렇군요!

김단국 : 직업을 통해 경제적으로 가족에게 필요한 의식주를 해결해 주고 취미나 여가 활동도 할 수 있으니까요. 또 사회 구성원으로서의 소속감과 일체감을 느끼게 해 줍니다.

사회자 : 직업을 통해 많은 것을 얻을 수 있군요!

김단국 : 그렇지요. 직업은 사람들 사이에서 조화를 이루며 살아가는 수단이기 때문입니다.

날개를 달자!!

상담사 consultant
안정적 stable
성취감 sense of accomplishment
만족감 satisfaction
의식주 food, clothing and shelter/ necessities of life
구성원 member
소속감 sense of belonging
일체감 sense of unity
조화 harmony
수단 means

1. 김단국 씨가 오늘 하려는 이야기는 무엇입니까?

2. 직업을 통해서 얻을 수 있는 것은 무엇입니까?

3. 여러분은 직업이 어떤 부분에서 가장 필요하다고 생각합니까?

듣기

1. 크리스 씨가 현재 고민하는 것은 무엇입니까?

① 선배를 만나는 것　　② 자격증을 따는 것
③ 전공을 선택하는 것　　④ 좋은 회사에 들어가는 것

2. 선배가 말하는 취업 준비는 무엇입니까?

3. 취업을 위해 가장 중요하다고 생각하는 것은 무엇입니까?

이야기해 보세요

- 여러분은 어떤 일을 좋아합니까? 무엇을 잘 할 수 있습니까?

크리스 : 애니 씨는 어떤 일을 좋아해요?
애　니 : 저는 어릴 때부터 인형 집 꾸미기를 좋아했어요.
크리스 : 그래요? 그럼 앞으로 하고 싶은 일은 뭐예요?
애　니 : 공간을 예쁘게 꾸미는 인테리어 디자이너가 되고 싶어요.

1. 여러분은 앞으로 어떤 일을 하고 싶습니까?

이름	어렸을 때 좋아했던 일	앞으로 하고 싶은 일
애니	인형 집 꾸미기	인테리어 디자이너

2. 여러분이 하고 싶은 직업과 돈을 많이 버는 직업은 무엇입니까?

이름	내가 하고 싶은 직업	돈을 많이 버는 직업

3. 위에서 이야기한 것을 바탕으로 갖고 싶은 직업과 돈을 많이 버는 직업 중 어떤 것을 선택하는 것이 좋은지 이야기해 보세요.

읽기

◦ 여러분은 이런 직업을 알고 있어요?

1. 앞으로 저는 어떻게 해야 할까요? – 교육 컨설턴트

내가 원하는 대학에 가려면 어떻게 해야 할까요? 대학을 졸업하고 원하는 회사에 취직하려면 어떻게 해야 할까요? 학생 여러분, 요즘 대학교도 대기업도 들어가기가 하늘의 별따기! 정말 고민이 많으시지요? 이런 분들을 위해 목표를 이룰 때까지 함께 고민하는 해결사가 있습니다. 벽돌을 하나씩 쌓아서 탑을 쌓듯이 계획을 실천하면 목표가 이루어지는 법입니다. 듣고 나니 별거 아니라고요? 그렇지 않습니다. 생각하기 나름이지만 50억 명의 사람에게 필요한 50억 개의 계획이 저희에게 있으니까요. 저희를 믿어 보세요. 모두 합격할 수 있습니다!

2. 작은 일이라도 무엇이든지 맡겨만 주세요. – 대신맨

이런 직업은 옛날에도 있었다고요? 물론 그렇습니다. 청소나 집안일을 대신해 주시던 아주머니가 계셨지요. 하지만 밤 12시에 떡볶이가 먹고 싶을 때 어떻게 하면 좋을까요? 집에서 중요한 택배를 받아야 하는데 수업 중이라면 어떻게 할까요? 이런 고민을 대신 해결해 드리는 대신맨이 있습니다. 배달이 안 되는 식당에서 먹고 싶은 음식을 포장해서 집까지 따뜻하게 배달해 드립니다. 청소나 집안일은 물론 형광등이 안 켜질 때에도 불러만 주세요. 가족이나 친한 친구 못지않게 안전하고 정확한 서비스를 하므로 안심할 수 있습니다.

3. 아줌마의 힘을 보여 드리겠습니다! – 주부 모니터

오늘도 저는 모델하우스에 다녀왔습니다. 집을 구경했냐고요? 그냥 보기만 하는 것은 아니에요. 아직 아무도 살아 보지 못한 그 집을 살아 본 사람 못지않게 꼼꼼하게 확인하고 문제점을 찾아내는 것이 제 일입니다. 첫째로 안전해야 하고 둘째로 사용하기 쉽고 편리해야 하며 마지막으로 광고와 실제가 일치해야 합니다. 이 세 가지 규칙에 맞추어 여러 가지 제품을 미리 사용해 보고 문제점만 제시하는 것이 아니라 개선할 점도 함께 제시하는 것이 바로 주부 모니터의 일입니다. 정확한 눈과 엄마의 마음으로 아줌마의 힘을 보여 주고야 말겠습니다.

1. 위에서 소개한 직업을 가진 사람들은 어떤 일을 합니까?

직업	하는 일
교육 컨설턴트	
대신맨	
주부 모니터	

2. 미래에는 어떤 직업이 생길까요?

날개를 달자!!

컨설턴트 consultant
벽돌 brick
별거 rarity
형광등 fluorescent light on
아줌마 auntie
모니터 monitor
모델하우스 model house

쓰기

- 대학교에 입학하기 위해서는 자기 소개서와 학업 계획서를 써야 합니다. 어떤 내용을 쓰면 좋을까요?

1. 자기 소개서와 학업 계획서에 쓸 내용을 생각해 봅시다.

리우팅 : 대학교에 입학하기 위해서는 자기 소개서와 학업 계획서를 잘 써야 하는데 너는 다 썼어?
크리스 : 아니. 지금 쓰는 중인데 어떻게 써야 할지 잘 모르겠어.

대학 입학 서류		내 용
자기 소개서	성장 배경	
	자신의 장·단점	
	장래 희망	
학업 계획서	전공 선택 이유	
	공부 계획	
	진로 계획	

2. 위의 내용을 바탕으로 자기 소개서와 학업 계획서를 써 봅시다.

memo*

16

지금 이야기를 하려던 참이었는데…….

- 학습목표 : 전래 동화에 대해 이야기하거나 들은 이야기를 묘사할 수 있다.
- 기　　능 : 묘사하기, 감상하기
- 문　　법 : N(이)며 N(이)며, V-(으)려던 참이다, N 만에, N스럽다, A/V-았/었더라면, A/V-(으)ㄴ/는 것은 고사하고

여러분의 기억에 남아 있는 이야기가 있나요?

어렸을 때 부모님께 들은 이야기는 무엇입니까?
여러분이 알고 있는 동화는 어떤 내용입니까?
친구에게 해 주고 싶은 이야기는 무엇입니까?

어휘와 표현

명사

동화

심청전 Simcheongjeon
콩쥐팥쥐 Kongji and Patzzi
흥부놀부 Hungbu and Nolbu
신데렐라 Cinderella
인연 connection
재치 wit
동상 bronze statue
위기 crisis
괴물 monster
위인 great man
형제 brother

기타

세면도구 toiletries
주머니 pocket
두께 thickness
초등학교 a primary school
간식거리 snack
동기 school mate
휴양지 resort
엉망 disorder
원망 resentment
남해안 south coast
가습기 humidifier
화장대 dressing table
꽃봉오리 a bud
비상약 emergency medicine
다낭 Da Nang
매운탕 spicy fish stew

동사

반성하다 reflect
벌리다 open
마주치다 rencounter
반짝거리다 glitter
자라나다 grow
식다 cool off
데우다 heat up
방심하다 seek gapeseed
맺다 bear
노크하다 knock

형용사

끔찍하다 terrible
미지근하다 tepid
의좋다 intimate

표현

동화 작가 writer of children's stories
전래 동화 traditional fairy tale
무대 인사 Curtain call
저런 oh, dear!
스노보드 snowboard
정신을 차리다 keep one's mind toghter
겁이 많다 be timid
은혜를 갚다 repay one's kindness

더 배워 봅시다.

몸 둘 바를 모르다 : 어떻게 행동해야 할지 모른다

호랑이에게 물려가도 정신만 차리면 산다 : 아무리 어렵고 위험한 일이 생겨도 정신만 차리면 위기에서 벗어날 수가 있다

예) 기 자 : 아르바이트 학생이 편의점에 들어온 강도를 잡았다는 현장에 나와 있습니다. 리우팅 씨, 당시 상황이 어땠습니까?

리 우 팅 : 새벽에 혼자 아르바이트를 하고 있었는데 손님 한 분이 가게 안쪽에 좀 오래 계시는 거예요. 그래서 거울로 봤는데 주머니에 손을 넣고 있는 게 느낌이 이상하더라고요.

토 린 : 그래서 어떻게 하셨습니까?

리 우 팅 : 그 순간 **호랑이에게 물려가도 정신만 차리면 산다**는 말이 생각났어요. 그때 손님이 주머니에서 칼을 꺼내는 거예요. 그래서 바로 편의점 밖으로 나와서 문을 잠갔지요.

토 린 : 학생의 재치와 용기로 위험한 상황을 넘겼군요! 정말 큰일날 뻔했습니다.

리 우 팅 : 이렇게 칭찬해 주시니 **몸 둘 바를 모르겠습니다**.

문법 1

N(이)며 N(이)며

나는 비상약이며 세면도구며 여행에 필요한 물건을 미리 챙겼다.
파티에 가 보니 과자며 음료수며 간식거리를 많이 준비해 놨더라고요.
이번 연구는 선배며 동기며 많은 사람들의 도움으로 해낼 수 있었습니다.

가 : 스테파니 씨는 어디에 가고 싶어요?
나 : 저는 다낭 같은 휴양지에 가고 싶어요.
가 : 휴양지는 남자며 여자며 할 것 없이 다 좋아하는 여행지인 것 같아요.

문법 2

V-(으)려던 참이다

저는 인터넷으로 비행기 표를 검색하려던 참이었어요.
리에 씨도 지금 나가요? 저도 지금 막 나가려던 참이었는데…….
텔레비전을 끄려던 참이었는데 내가 좋아하는 가수가 나와서 계속 보고 있어요.

가 : 매운탕이 식어서 미지근해졌어요.
나 : 그렇지 않아도 다시 데우려던 참이에요.

연습해 보세요 1

방이 엉망이어서 청소하려고 한다
가 : 뭐 하려고 해요?
나 : 화장대며 침대며 방이 엉망이어서 청소하려던 참이에요.

가 : ____?
나 : ____.

① 모르는 것이 많아서 공부하려고 한다
② 필요한 것이 있어서 마트에 가려고 한다
③ ?

문법 3

N 만에

교통사고가 나서 병원에 입원한 지 6개월 만에 퇴원을 했다.
가습기를 사용한 지 한 달 만에 고장이 나서 서비스 센터에 가려고 해요.
죽은 줄 알았던 꽃이 2개월 만에 꽃봉오리를 맺어서 기분이 좋아요.

가 : 어제 야구장에서 어떤 아주머니가 아이를 잃어버렸는데 3시간 만에 찾았대요.
나 : 아이고! 엄마가 많이 놀랐겠네요!

문법 4

N스럽다

저는 사치스러운 사람을 싫어해요.
이렇게 사랑스러운 아기가 또 있을까요?
주인을 구하려고 사람들을 불러온 충성스러운 개의 이야기가 신문에 났어요.

가 : 손님. 어떤 옷을 찾으세요?
나 : 좀 여성스러워 보이는 원피스를 사고 싶은데요.
가 : 아. 그럼 이 옷은 어떠세요? 올봄 신상품이에요.

연습해 보세요 2

리우팅 씨가 10분 동안 단어 100개를 외웠다
가 : 리우팅 씨가 10분 만에 단어 100개를 외웠다고 해요.
나 : 의심스럽네요!

가 : ______________________________ .
나 : ______________________________ !

① 마리오 씨가 어제 만난 여자에게 프러포즈를 했다
② 김 박사님이 20년 동안 연구해서 노벨상을 받았다
③ ?

날개를 달자!!

사치 luxury	충성 loyalty
올봄 this spring	의심 doubt
박사 doctoral degree	노벨상 Nobel prize

문법 5

A/V-았/었더라면

미리 병원에 가서 검사를 받았더라면 이렇게 많이 아프지 않았을 텐데…….

10시에 출발했더라면 크리스 씨의 무대 인사를 볼 수 있었을 거야.

남해안으로 여행을 갔더라면 예쁜 섬들을 많이 볼 수 있었을 거예요.

가 : 크리스 씨가 어제 스노보드를 타다가 허리를 다쳤대요.

나 : 저런! 잘 탄다고 방심하지 말고 조심히 탔더라면 다치지 않았을 텐데…….

연습해 보세요 3

길이 많이 막혀서 늦었다

가 : 왜 이렇게 늦었어요?

나 : 길이 많이 막혀서요. 지하철을 탔더라면 안 늦었을 텐데…….

가 : ______________________________?

나 : ______________________________.

① 일을 너무 미뤄서 사장님께 혼났다

② 리우팅 씨와 싸워서 서로 말을 안 한다

③ ?

문법 6

A/V-(으)ㄴ/는 것은 고사하고

오늘 너무 바빠서 밥을 먹는 것은 고사하고 화장실도 못 갔어요.
시험을 봤는데 쉬운 것은 고사하고 아는 문제도 별로 없어서 망했어요.
날씨가 너무 추워서 산책하는 것은 고사하고 문을 열기도 싫어요.

가 : 그 영화가 재미있었어요?
나 : 재미있는 것은 고사하고 너무 끔찍해서 제대로 볼 수도 없었어요.

▷ N은/는 고사하고
어제는 내 생일이었는데 생일 선물은 고사하고 축하조차 받지 못했다.
내 친구는 김치찌개는 고사하고 비빔냉면도 매워서 못 먹어요.

연습해 보세요 4

치료는 물론이고 파스조차 못 붙였다
가 : 치료를 받았어요?
나 : 치료는 고사하고 파스도 못 붙였어요.

가 : ____ ?
나 : ____ .

① 호텔 예약은 물론이고 검색조차 못 했다
② 데이트는 물론이고 통화조차 못 했다
③ ?

날개를 달자!!

망하다 fail　　파스 medicated patch

연습해 보세요 5

N(이)며 N(이)며	V-(으)려던 참이다	N 만에
N스럽다	A/V-았/었더라면	A/V-(으)ㄴ/는 것은 고사하고

밤에 잠을 (자다) ________________ 이었는데 (3개월) ________________ 지영 씨에게 전화가 왔다. 지영 씨는 기숙사에 귀신이 있다면서 무섭다고 했다. 나는 지영 씨의 말을 전혀 믿지 않았지만 자세히 말해 보라고 했다. 지영 씨가 노크 소리에 잠에서 깼는데 창문 밖에 어떤 사람이 서서 방 안을 보고 있었다고 했다. 그런데 지영 씨의 기숙사는 3층이기 때문에 (노크하다) ________________ 서 있을 수도 없었다. 나는 바람에 흔들리는 나뭇잎일 거라고 하며 걱정하지 말고 자라고 했다. 지영 씨는 (귀신) ________________ (괴물) ________________ 세상에 무서운 것들이 왜 이렇게 많은지 모르겠다고 하면서 한숨을 쉬었다. 우리가 가까이에 (살다) ________________ 지영 씨에게 가 봤을 텐데……. 직접 가 볼 수 없어서 (걱정) ________________

본문

- 여러분이 들어 본 무서운 이야기는 무엇입니까?

리　에 : 얼마 전에 운동하러 집 근처 초등학교에 갔는데 건물 앞에 동물이며 사람이며 동상이 많더라고요.

최지영 : 맞아요. 학교의 상징이 되는 동물이나 위인들의 동상이 많이 있지요.

리　에 : 지영 씨도 동상에 관한 이야기를 들은 적이 있어요?

최지영 : 네. 제가 다니던 초등학교에도 책을 읽는 아이의 동상이 있었어요. 책을 열심히 읽는 아이가 되라는 의미가 있었겠지요. 그런데 어릴 때는 동상에 관한 무서운 이야기 때문에 동상을 쳐다보는 것은 고사하고 그 앞을 지나다니지도 못했어요.

리　에 : 어떤 내용인데요?

최지영 : 밤 12시가 되면 동상이 살아나서 책을 읽기 시작한다는 거예요. 그때 동상과 눈이 마주치면 그 사람도 동상이 된대요.

리　에 : 에이! 거짓말! 지영 씨가 봤어요?

최지영 : 저도 본 적은 없다고 말하려던 참이었어요. 사실 제가 어릴 때 겁이 좀 많았거든요. 그런데 친구들에게 이야기를 들어 보니까 동상이 가지고 있는 책의 오른쪽과 왼쪽의 두께가 조금씩 달라진다는 거예요. 비가 오고 나면 동상의 머리카락도 자라난다고 했어요. 만약 12시에 학교에 갔더라면 진짜인지 거짓말인지 확인할 수 있었을 텐데…….

리　에 : 정말요? 오늘 밤에 잠을 자기는 틀렸어요. 지영 씨가 원망스러워요.

최지영 : 하하, 리에 씨, 걱정하지 마세요. 진짜가 아니잖아요.
이 이야기를 이렇게 무서워하는 사람은 초등학교 졸업하고 10년 만에 처음이에요.

1. 책 읽는 아이의 동상이 가진 원래 의미는 무엇입니까?

2. 최지영 씨가 들은 이야기는 무엇입니까?

3. 여러분이 알고 있는 무서운 이야기를 친구들에게 이야기해 보세요.

듣기

1. 맞으면 O, 틀리면 X 하세요.

① 여우의 생일에 두루미를 초대했다. (　　)

② 두루미의 집에 초대된 여우는 맛있게 음식을 먹었다. (　　)

③ 여우와 두루미는 같은 그릇에 밥을 먹었다. (　　)

2. 두루미는 여우의 집에 다녀 온 후에 어떻게 했습니까?

① 여우에게 미안하다고 사과했다.

② 목이 긴 병을 여우에게 선물했다.

③ 여우를 배려해서 접시에 음식을 담았다.

④ 맛있는 음식을 만들어서 여우를 초대했다.

날개를 달자!!

여우 fox	두루미 Red-crowned Crane
부리 beak	납작하다 flat
길쭉하다 longish	

3. 이 이야기의 교훈은 무엇입니까?

4. 교훈이 있는 이야기를 친구들에게 말해 보세요.

이야기해 보세요

1. 여러분이 어린 시절 읽은 동화에는 어떤 것이 있습니까?

리우팅 : 최지영 씨. 어렸을 때 재미있게 읽었던 이야기 좀 해 주세요.

최지영 : 저는 '신데렐라'나 '잠자는 숲 속의 미녀'처럼 공주님이 나오는 동화를 많이 읽었어요. 그리고 '의좋은 형제'에 대한 이야기도 읽었고요.

리우팅 : 저도 읽어 본 적이 있어요. 저는…….

2. 세상에는 비슷한 이야기가 많습니다. 한국의 전래 동화를 찾아 보고 여러분 나라에 비슷한 이야기가 있으면 소개해 봅시다.

제목	내 용	비슷한 이야기
심청전		
콩쥐팥쥐		
흥부놀부		

읽기

- 여러분의 나라에도 은혜를 갚는 내용의 전래 동화가 있습니까?

은혜를 갚은 호랑이

옛날에 어머니와 함께 가난하게 살던 한 젊은이가 있었다. 어느 날 젊은이가 집으로 가려던 참이었는데 어디에선가 이상한 소리가 들렸다. 날도 어두워져서 무서웠지만 젊은이는 소리가 나는 곳으로 가 보았다.

그곳에 가 보니 커다란 호랑이 한 마리가 입을 크게 벌리고 소리를 내고 있었다. 호랑이와 마주친 젊은이는 '내가 왜 여기에 왔을까? 그냥 집에 갔더라면 이런 일은 없었을 텐데……. 이제는 죽었구나.'하고 생각했다. 후회스러웠지만 너무 무서워서 움직일 수조차 없었다. 그런데 신기하게도 호랑이는 입만 벌리고 있었다. 젊은이가 정신을 차리고 호랑이의 입 안을 들여다 보니 목구멍에서 무엇인가 반짝거리고 있었다.

"아아, 알았다. 목구멍에 걸린 것을 빼달라는 말이냐?"

이렇게 말하자 호랑이가 고개를 끄덕거렸다. 젊은이는 무서웠지만 팔을 호랑이의 입으로 집어넣고 손에 잡히는 것을 꺼내 주었다. 호랑이는 젊은이에게 고맙다고 인사를 했다. 며칠 후 호랑이는 젊은 아가씨를 등에 태우고 나타나 젊은이에게 결혼을 하라고 했다. 이것도 인연이라고 생각한 아가씨는 젊은이와 결혼을 했다.

시간이 흘러 5년 만에 나타난 호랑이는 이 부부를 등에 업고 아가씨의 집으로 갔다. 아가씨의 부모는 호랑이한테 물려간 딸이 돌아와서 너무 기뻐했다. 그리고 사위로부터 그동안 있었던 일을 다 들은 후 돈이며 보석이며 많은 재산을 나누어 주었다. 그 후 3년이 지난 어느 날 젊은이는 마을에 호랑이가 나타난다는 소문을 들었다.

마을 사람들은 호랑이를 잡으려고 했지만…….

날개를 달자!!

집어넣다 put someone or something inside　　사위 son-in-law

1. 호랑이는 어떻게 은혜를 갚았습니까?

2. 마지막에 이어질 내용을 생각해 봅시다.

3. 여러분의 나라에서 전해지는 이야기를 소개하고 그 이야기의 교훈을 말해 봅시다.

쓰기

- 여러분이 알고 있는 이야기로 새로운 이야기를 만들어 봅시다.

1. 여러분은 친구들에게 어떤 이야기를 들려주고 싶습니까?

이야기 / 아이	들려주고 싶은 이야기
거짓말을 하는 아이	
욕심을 부리는 아이	
부모의 말을 듣지 않는 아이	
씻지 않는 아이	

2. 여러분이 동화 작가라면 어떤 이야기를 만들고 싶은지 써 보세요.

memo*

듣기 대본

09

M　　C : 여러분. 안녕하세요? 〈그 분을 다시 만나봅시다.〉 시간입니다. 이 시간은 직접 만날 수 없는 역사적인 인물에 관해 청취자 여러분의 질문을 모아 가상으로 인터뷰를 해 보는 시간입니다. 오늘은 한글날을 기념하여 위대한 업적을 세우신 세종대왕님을 모셨습니다. 세종대왕님, 안녕하십니까? 이렇게 모시게 되어 영광입니다.

세종대왕 : 가상으로나마 여러분을 만나게 되어서 기쁘기 이를 데 없습니다.

M　　C : 별말씀을요. 세종대왕님을 생각하면 한글을 빼 놓을 수 없는데요. 세계에서 유일하게 만든 사람, 글자의 원리, 공개한 날짜까지 알려진 한글에 대해 한 말씀 부탁드립니다.

세종대왕 : 이미 아시겠지만 당시 양반이 아닌 평범한 백성들은 한자를 읽거나 이해할 수 없었습니다. 그래서 누구나 쉽게 배우고 사용할 수 있는 문자를 만들어야 했습니다. 한글을 만들어 내는 과정이 너무도 힘든 나머지 그만두고 싶을 때도 있었습니다. 하지만 오랜 노력 끝에 만들어진 한글을 외국인까지도 쉽게 배울 수 있다고 하니 뿌듯합니다.

M　　C : 사실 세종대왕님의 업적은 한글뿐만 아니라 과학과 음악, 농업 등 여러 분야에 걸쳐 아주 다양해서 모두 소개하기 어려울 정도인데요. 몇 가지만 소개해 주십시오.

세종대왕 : 업적이라고 말해 주니 고맙습니다. 하지만 저의 업적을 소개하기보다는 21세기를 살고 있는 여러분에게 어떤 마음으로 살아야 하는지에 대해 이야기하고 싶습니다. 저는 왕으로서 백성을 사랑하는 마음을 가지고 있었습니다. 그리고 학자로서 어떻게 하면 모두의 생활이 편해질까 고민했습니다. 지금 여러분의 자리에서 자신의 역할에 최선을 다하고 옆 사람에게 관심을 가져 보십시오.

M　　C : 나의 자리에서 최선을 다하는 것이야말로 가장 중요한 것이군요.

세종대왕 : 그렇습니다. 여러분이 이렇게 발전한 세상에서 노력하고 최선을 다한다면 내가 이루어 낸 많은 것들도 작은 일에 지나지 않을 것입니다.

M　　C : 오늘 말씀 감사드립니다.

10

M C : 오늘은 국민 여동생으로 불릴 만큼 온 국민의 사랑을 받았던 배우 남미녀 씨를 모셨습니다. 남미녀 씨, 오랜만입니다.

남미녀 : 안녕하세요. 남미녀입니다.

M C : 요즘 방송을 통해서 남미녀 씨의 얼굴을 보기가 여간 어렵지 않습니다.

남미녀 : 네. 사실 영화제에서 상을 받은 후 사람들의 큰 관심을 받는 만큼 부담도 컸어요. 그래서 지난 몇 년 동안은 제 나이에 맞는 생활을 하려고 했어요.

M C : 어린 나이에 많은 사람들의 시선을 느끼면 부담이 되기 마련이지요.

남미녀 : 맞아요. 사람들은 저를 국민 여동생이라고 부르면서 사랑해 주셨지만 저는 10대들이 흔히 가는 놀이공원에 가거나 길거리를 돌아다니며 쇼핑하는 것은 상상도 할 수 없었어요. 어디를 가든지 몰려드는 사람들 때문에 친구들과 함께 놀러가도 항상 집에 따로 돌아와야 할 만큼 저는 늘 혼자였어요.

M C : 친구가 가장 소중한 시기에 외롭게 지내셨군요.

남미녀 : 네. 처음에는 제가 유명해진 것이 친구들에게도 즐거운 일이었지만 저와 함께 시간을 보내는 것을 힘들어 하더라고요. 친한 친구라고 해서 항상 저를 배려할 수 있는 것도 아니고요. 지금 생각해도 친구들에게 여간 미안한 것이 아니에요.

M C : 그런 생각까지 하셨군요. 그렇다면 졸업 후에 다시 연기를 할 계획은 없으십니까?

남미녀 : 결론부터 말씀 드리면 지금은 배우로 돌아갈 계획은 없어요. 배우라고 해서 항상 화려한 생활만 하는 것은 아니라는 것을 잘 알고 있으니까요. 졸업을 하면 한 달쯤 여행을 갈까 봐요. 나이로 보나 외모로 보나 가장 좋을 때라고 부모님도 말씀하시고요. 그리고 다른 사람의 눈에 좋아 보이는 일보다 저 스스로 즐겁고 행복한 일을 하고 싶어요.

M C : 네. 잘 들었습니다. 앞으로 남미녀 씨가 하는 일이 모두 잘 되기를 바랍니다.

남미녀 : 감사합니다.

11

한국에는 옛날부터 전해 오는 우리 민족의 노래가 있다. 그 노래는 우리 민족의 한과 일상생활의 애환을 담아 불렀던 아리랑이다. 아리랑은 노랫말과 곡조가 단순하여 기억하기 쉽다. 일하다가 쉴 때나 잔치를 하는 도중에도 부를 수 있다. 그리고 아리랑은 가사를 즉흥적으로 변형하기도 해서 현재 3,600가지의 다양한 아리랑이 전해진다.

아리랑은 2012년에 그 가치를 인정받아 유네스코 인류 무형 유산으로 등재되었을 정도로 역사적 가치가 높다. 인터넷에서 '아리랑'을 검색하면 아리랑에 대한 모든 정보를 제공하는 블로그를 찾을 수 있다. 여기에서는 정선아리랑을 비롯하여 밀양아리랑, 진도아리랑 등 아리랑의 종류와 특징에 대한 정보를 제공하고 있다. 아리랑을 듣기에 앞서 이 블로그를 살펴본다면 아리랑에 대해 좀 더 자세히 알 수 있을 것이다.

세계적인 재즈 가수 나윤선은 한국도 알리고 외국의 교포들에게 선물도 할 겸 공연에서 아리랑을 부르기 시작했다. 하지만 지금은 공연의 마지막에 아리랑을 부르고서야 제대로 공연을 마쳤다고 할 정도로 아리랑의 매력에 흠뻑 빠졌다고 한다. 그녀는 한 인터뷰에서 아리랑이 단순하고 반복적이지만 누구나 공감할 수 있는 정서를 가진 노래이기 때문에 무한한 가능성을 가졌다고 했다.

12

앵커 : 속보입니다. 감기 바이러스가 전국적으로 빠르게 퍼지고 있어서 큰 문제가 되고 있습니다. 김단국 기자를 연결해 보겠습니다. 김단국 기자!

기자 : 네. 김단국입니다.

앵커 : 지금 감기 바이러스가 빠르게 퍼지고 있다고요?

기자 : 네. 이 바이러스는 지금까지 한 번도 보지 못한 것으로 현재 많은 사람들이 입원을 하고 있으며 지금도 환자가 계속 늘고 있습니다. 이 바이러스에 전염되면 열이 나고 구토 증상이 있으며 심하면 죽기까지 한다고 합니다. 특히 어린이들과 여성, 노인들은 몸이 약하기 때문에 성인 남성보다는 쉽게 전염되는 것 같습니다.

앵커 : 그렇다면 바이러스를 없앨 치료약은 없습니까?

기자 : 네. 아직까지는 바이러스가 어떻게 생겨서 어떻게 전염이 되고 있는지 확인된 것이 없습니다. 연구 결과가 나오려면 시간이 좀 더 필요할 것으로 보입니다.

앵커 : 정말 안타까운 소식이군요!

기자 : 아직 정확한 결과가 나오지 않은 관계로 더 많은 사람들이 피해를 볼 수 있으니 사람이 많은 곳에는 가지 말아야 합니다. 그리고 당분간은 마스크를 쓰고 몸을 따뜻하게 해서 감기에 걸리지 않도록 하는 것이 최선의 방법인 것 같습니다.
DK뉴스 김단국입니다.

13

M C : 요즘 다문화 가정에 대한 관심이 높아지고 있는데요. 오늘 이 시간에는 다문화 가정의 아이들과 성공적으로 오케스트라 협주를 한 비올라 연주가 김단국 씨를 모시고 이야기를 들어 보겠습니다. 안녕하십니까?

김단국 : 안녕하세요? 김단국입니다.

M C : 만나서 반갑습니다. 이번에 한국에 있는 다문화 가정 아이들과 함께 오케스트라를 만들어 협주를 하셨다는 소식을 들었는데요. 얘기 좀 해 주시지요.

김단국 : 저는 음악을 통해 재능 기부를 하고 싶었습니다. 제가 도움을 많이 받았기 때문에 저와 비슷한 환경의 아이들이 음악을 할 수 있도록 가르쳐 주고 싶었어요. 그러던 중에 우연히 기회가 찾아왔어요. 외모도 다르고 가정 환경도 다른 24명의 아이들을 데리고 3개월 간 교육을 시켰고 결국에는 수많은 관객들 앞에서 협주를 하게 되었지요.

M C : 그 과정은 어땠습니까?

김단국 : 쉽지는 않았습니다. 그 아이들은 저를 만나기 전까지 악기를 연주해 보기는커

녕 만져 본 적도 없는 아이들이었습니다. 게다가 다문화 가정에 대한 편견을 가진 사람들 때문에 마음을 닫은 아이들도 있었습니다. 한 예로 평소에 사람들에게 얼굴을 보여 주기 싫어서 모자를 벗지 않는 아이가 있었습니다. 그 아이에게 무대에 올라갈 때 모자를 벗어야 한다고 했더니 모자를 벗느니 차라리 협주를 안 하겠다고 했습니다. 그런데 연습을 하는 동안 마음을 조금씩 열게 되면서 마침내 공연 날에는 모자를 벗었습니다. 지금도 그때의 감격을 잊을 수 없습니다.

M　C : 정말 감동적이네요! 이번에 그 아이들과 함께 서울에서 앙코르 공연을 하신다는 소식을 들었습니다.

김단국 : 네. 4월 23일부터 28일까지 6일 동안 공연을 합니다. 많이 오셔서 응원해 주셨으면 좋겠습니다.

M　C : 알겠습니다. 오늘 말씀 감사합니다.

14

아파트 경비실에서 몇 가지 안내 말씀 드립니다. 지금 피아노를 치고 있는 가정이 있다는 민원이 들어왔습니다. 저녁 8시 이후에 악기 연주는 삼가 주시기 바랍니다. 밤에는 작은 소리도 크게 들리기 때문에 시끄러울 수밖에 없으므로 주의하셔야 합니다. 그리고 세탁기 사용도 자제해 주시기 바랍니다. 세탁기에서 나오는 물이 하수도로 내려갈 때 나는 소음으로 인해서 아래층 주민에게 피해를 끼칠 수밖에 없습니다. 그러므로 밤에는 빨래를 하지 마시기 바랍니다. 또한 주차장을 이용하실 때에는 경적을 울려 대는 일이 없어야겠습니다. 마지막으로 아파트 계단에서 담배 냄새가 많이 난다는 민원도 들어왔습니다. 아파트 내에서는 모두 금연입니다. 다시 한 번 안내 말씀 드립니다. 이웃에게 피해가 가지 않도록 큰 소리가 나는 행동은 자제해 주시고 아파트 안에서는 담배를 피우지 마시기 바랍니다.

15

크리스 : 선배님 안녕하세요?

선　배 : 어! 크리스, 오랜만이다. 그동안 잘 지냈어?

크리스 : 네. 선배님도 잘 지내셨어요?

선　배 : 나는 잘 지내지. 너는 어떻게 지내고 있어?

크리스 : 저는 요즘 취직 때문에 고민이에요.

선　배 : 그래? 무슨 고민을 하는데?

크리스 : 사실 제일 큰 문제는 '어디에 취직하는 게 좋을까?'예요. 그리고 취직을 한 후에 보람을 느낄 수 있을지 미래의 삶이 편할지 걱정이거든요. 저는 DK그룹이든지 NR그룹이든지 다 관심이 있지만 선택을 못 하겠어요.

선　배 : 준비하기 나름이지만 너도 벌써 4학년이니까 졸업 준비를 하는 한편 취업 준비도 잘 해야지.

크리스 : 어떤 준비를 해야 할까요?

선 배 : 네가 취직하고 싶은 회사에서 원하는 인재상이 무엇인지 찾아 봐. 그리고 그 회사에서 원하는 전문 지식이 무엇인지도 살펴보면 좋을 거야.

크리스 : 그럼 졸업하기 전에 전공 공부 이외에 여러 가지를 공부해야 하나요?

선 배 : 그렇지. 좋은 회사에서 뽑는 사람은 몇 명 안 되잖아. 그런데 들어가고 싶은 사람은 많으니까 열심히 준비해야지. 얼마나 노력하느냐에 따라 합격과 불합격이 결정되는 법이거든.

크리스 : 그렇군요! 저도 열심히 노력해서 제가 들어가고 싶은 회사에 입사하고 말겠어요.

선 배 : 그래. 그렇게 다짐을 하고 시작해야 해. 아무리 취업이 어렵다고 해도 자기가 하고 싶은 일이 무엇인지를 잘 생각해 보고 결정해야 해.

크리스 : 네. 선배님 감사합니다.

16

마 리 오 : 스테파니 씨. 어렸을 때 들은 이야기 중에 기억에 남는 이야기가 있어요?

스테파니 : 그럼요. '여우와 두루미'라는 이야기예요.

마 리 오 : 여우와 두루미? 나도 들어 본 것 같기는 한데 기억이 잘 안 나네요!

스테파니 : 여우가 자기 생일에 음식을 만들어 놓고 두루미를 초대했는데 두루미는 음식을 전혀 먹을 수 없었어요.

마 리 오 : 왜요?

스테파니 : 여우가 납작한 접시에 음식을 담았거든요. 맛있어 보이는 음식이었지만 부리가 긴 두루미는 전혀 먹을 수 없었어요. 그래서 화가 난 두루미는 며칠 후에 두루미의 집에 여우를 초대했어요. 그리고 맛있는 음식을 만들어서 여우에게 줬지만 전혀 먹지 못했어요. 두루미의 그릇은 길쭉한 병이었거든요.

마 리 오 : 아이고! 서로의 입 모양이 다르니 그릇도 달랐군요!

스테파니 : 그렇지요. 두루미는 음식을 못 먹어서 화가 난 여우에게 말했어요. "내 부리가 긴 것을 알면서 왜 접시에 음식을 담았어?" 당연히 여우는 아무 말도 하지 못했지요.

마 리 오 : 결국 상대방을 배려하지 않으면 안 된다는 말이군요!

스테파니 : 맞아요. 이 이야기의 교훈은 서로에 대한 배려인 것 같아요.
서로 배려하지 않으면 친구는 고사하고 매일 다투며 지내게 될 테니까요.

마 리 오 : 스테파니 씨의 말이 맞아요. 저도 그렇게 생각해요.

스테파니 : 만약에 여우와 두루미가 서로 배려했더라면 둘 다 맛있는 음식을 먹었을 거예요.

마 리 오 : 그렇지요. 스테파니 씨 얘기를 들어 보니 저 자신도 반성하게 되네요! 앞으로는 제 생각만 하지 않고 다른 사람의 입장에서도 생각해야겠어요.

memo*

찾아 보기

ㄱ

ㄴ

ㄷ

ㄹ

ㅁ

ㅂ

ㅅ

ㅇ

ㅈ

기타

memo*

지은이 소개*

| 감 수 |

한 정 한

단국대학교 국어국문학과 부교수, 뉴욕주립대학(버팔로) 언어학 박사
〈저서〉 쉽게 읽는 한국어학의 이해, 국어사전학 개론 외 다수

| 필 자 |

유 소 영

단국대학교 국제교육센터(DUGEC) 초빙교수, 단국대학교 한국어교육 박사
〈저서〉 안녕하세요 한국어 1, 2, 3권(4개국어판), 한국어로 말해요(11개국어판) 외 다수

이 연 주

DUGEC 강사, 단국대학교 한국어교육 박사

서 민 정

DUGEC 강사, 단국대학교 한국어교육 박사과정

유 선 주

DUGEC 강사, 단국대학교 한국어교육 박사과정 수료

고 유 리

DUGEC 강사, 단국대학교 한국어교육 박사과정

memo*